NAPOLÉON EN ÉGYPTE
WATERLOO
ET
LE FILS DE L'HOMME

PAR

BARTHÉLEMY ET MÉRY

PARIS
PERROTIN, ÉDITEUR
RUE DES FILLES-SAINT-THOMAS, N° 1, PRES LA BOURSE

1835

NAPOLÉON EN ÉGYPTE

WATERLOO

ET

LE FILS DE L'HOMME.

NAPOLÉON EN ÉGYPTE

TRENTE ans se sont à peine écoulés depuis la glorieuse expédition de l'armée d'Orient, et déjà elle semble appartenir aux âges reculés, tant elle se détache des autres campagnes de la révolution par un caractère tout particulier et sa couleur antique : le vieux soldat qui la raconte avec la simplicité du camp nous apparaît, comme un légionnaire de l'armée de Dioclétien, brûlé par le soleil d'Éléphantine. Changez les noms des conquérans, les lieux et les exploits sont les mêmes;

les *hastati* ont battu des mains devant Thèbes, comme les grenadiers français ; le *vexillaire* et le porte-drapeau ont planté l'aigle romaine et les trois couleurs dans les mêmes corniches, depuis les temples d'Héliopolis jusqu'aux roches granitiques de Philœ, limites des conquêtes de Dioclétien, dernier bivac de notre armée républicaine; enfin, notre 6e de hussards, le 2 ventôse an VII, s'est montré fidèle au rendez-vous de gloire que lui avait assigné la dixième légion du préfet Mutius, au pied de la statue de Memnon; l'orteil du colosse a conservé religieusement l'empreinte des stylets romains et des sabres de nos cavaliers.

Si on ajoute maintenant que l'Égypte est un pays phénomène, que ses monumens sont comme les débris d'un monde qui n'est pas le nôtre; que son fleuve animé, son climat d'airain, ses déserts semés de vertes oasis, sont aussi mystérieux que les hiéroglyphes de ses temples; on conviendra que jamais sujet aussi grand n'offrit ses inspirations à notre poésie nationale : sans doute, bien d'autres avant nous l'avaient reconnu, et ils ont été bien plus rebutés par les obstacles du plan qu'excités par les élémens poétiques du sujet. Dès que la première idée de ce poëme s'offrit à nous, il y a bien des années, elle devint, sans relâche, l'objet de nos entretiens journaliers : Bonaparte s'y révélait avec son auréole de gloire si fraîche et si pure; l'armée avec sa majesté antique; l'É-gypte avec ses souvenirs, ses temples, ses mirages, ses vents poétiques, sa végétation puissante et sa merveilleuse aridité. Mais nous ne voyions partout que des tableaux, nulle part l'action d'une épopée; nous cherchions une Iliade; là où nous ne pouvions trouver qu'une Odyssée militaire. Se jeter dans l'imitation des anciens, c'était folie; les larges proportions de l'épopée sont si effrayantes! Et d'ailleurs, notre littérature marchait à pas de géant sur des routes nouvelles tracées par le génie : de quel œil de juste pitié n'aurait-on pas regardé notre enfer, notre paradis, nos enchantemens, nos fades amours, et surtout notre merveilleux, si nous avions été assez mal-avisés pour en mettre dans un sujet où la réalité est plus merveilleuse que la fiction? Le destin de l'inconnu poëte Aubert était pour nous un grand sujet d'effroi; c'était un professeur de rhétorique sous l'Empire, qui fit sur la campagne d'Égypte son épopée en douze chants, d'après les règles de M. de La Harpe; l'unité d'action et de lieu y est religieusement observée; batailles, voyages, expédition de Syrie, tout se passe autour des murs du Caire; chaque général français y brûle pour une Zoraïde ou une Aménaïde; on y trouve un récit, une conjuration diabolique, une forêt enchantée et une descente aux enfers : c'est un travail complet, mais qui n'est plus dans nos mœurs littéraires.

Placé devant ces considérations, deux partis restaient à prendre : renoncer à notre sujet, ou le traiter en suivant l'histoire ; c'est le dernier que nous avons choisi, par amour pour l'Égypte et la France. Mais, en dégageant notre poëme de tous les accessoires de l'antique épopée, il ne fallait ni copier servilement l'histoire en gazetier, ni la tronquer par des licences poétiques : entre ces deux écueils était une route à suivre, étroite, mais encore belle; nos juges décideront si nous nous en sommes écartés.

Dans une époque où tant de liberté est donnée aux travaux de l'imagination, on nous pardonnera peut-être d'avoir fait un poëme qui ne rentre dans aucune des catégories inventées dans les écoles. Si les anciens rhéteurs eussent pu soupçonner qu'un jour une armée française combattrait aux Pyramides, à Thèbes, au Thabor, avec de la mitraille et des baïonnettes, sous les ordres d'un Agamemnon de trente ans, nul doute que, le cas ayant été prévu, les théories ne nous auraient pas manqué pour faire, selon les règles, un poëme militaire sans fable, sans merveilleux, sans amour. A défaut de ces théories, il a fallu inventer des formes en harmonie avec un sujet tout neuf.

Mais, tout en conservant l'intégrité de l'histoire dans ce qui touche spécialement l'armée française, nous nous sommes emparés des incidens qui ressortaient de la nature du sujet, des mœurs et des hommes de l'Égypte, soit que ces incidens fussent presque historiques, soit qu'ils nous aient été communiqués comme traditions des pays; il y avait là un merveilleux d'un nouveau genre, moins large que celui des épopées antiques, mais plus raisonnable et plus conforme à nos goûts actuels; ainsi nous avons mis en œuvre cette grande figure d'El-Modhi, ce typhon de l'Égypte moderne, qui n'est autre chose que la barbarie et le fanatisme personnifiés, luttant contre la civilisation.

La partie descriptive occupe une grande place dans notre poëme : nous avons fait tous nos efforts pour lier nos tableaux à l'action; les peintures du sérail de Mourad, de l'aurore sur les plaines de Ghizé, du repas oriental, des danses des Almé, de l'inondation du Nil, du désert, du mirage, du Kamsin, d'une tempête à Ptolémaïs, de la peste, forment, avec le sujet, un tout compacte; elles nous ont tenu lieu de ces longs épisodes épiques que le cadre trop étroit de notre plan n'aurait pu comporter.

Enfin, pour achever de mettre le lecteur dans la confidence des idées du poëte, précaution souvent fort inutile, il nous reste un mot à dire sur le mode de versification que nous avons cru devoir employer[1].

---

[1] On a souvent répété que notre époque n'est pas poétique, et que les vers ne sont plus en faveur; c'est comme si l'on avait dit que notre siècle n'est plus ni peintre ni musicien : la direction grave imprimée vers les études sérieuses, loin de nuire

L'alexandrin a été accusé de monotonie, et il faut convenir que beaucoup de poëtes ont contribué à justifier l'accusation en le chargeant de rimes pauvres, sèches et parasites ; et pourtant ce vers, manié par un homme habile, a tant de souplesse et d'élasticité, qu'il se prête à tous les genres, à tous les tons ; aussi léger, aussi gracieux

aux arts d'agrément et d'imagination, ne fera que les rendre plus nécessaires, en France surtout. Chez nous, on est volontiers métaphysicien, philosophe ; mais on aime à descendre des hauteurs de la pensée pour aller au salon ou à l'opéra ; et pour lire des vers, s'ils sont bons. Si c'est à des résultats positifs qu'on juge de la faveur accordée à un art, jamais siècle ne fut, au contraire, plus poétique que le nôtre. Tous nos grands poëtes sont sur le chemin de la fortune, non pas avec les douze cents livres de M. Colbert, mais grâce à la généreuse protection du public, ministre bien plus riche et bien plus puissant. Le siècle anti-poétique était celui où le libraire Barbin disait : « Monsieur Despréaux, votre *Lutrin* s'enlève ; nous « en vendrons cinq cents exemplaires, s'il plaît à Dieu. »

que le vers de dix pieds, il peut s'élever jusqu'à la majestueuse simplicité de l'hexamètre latin. Le rhythme, monotone par excellence, est celui des octaves italiennes, à cinq voyelles finales, ou des strophes anglaises hérissées de consonnes : nous n'avons jamais songé à les attaquer en France; car ainsi sommes-nous faits : quand l'humeur critique nous domine, nous l'exerçons toujours contre les nôtres, tant est grand notre respect pour les étrangers et pour les morts ! C'est donc un poëme en vers alexandrins que nous offrons au public; nous avons essayé de les rajeunir, plutôt en les ramenant aux principes de l'école du seizième siècle, qu'en les jetant dans le moule des poëtes du siècle dernier. Si nous avons fait erreur, la faute n'en doit pas être imputée à l'alexandrin, mais à nous. Au reste, la question, tant en faveur du rhythme que du plan, sera bientôt décidée, si le lecteur parvient à lire nos huit chants avec intérêt, sans fatigue et sans ennui.

CHANT PREMIER.

ALEXANDRIE.

ARGUMENT.

INVOCATION. — Voyage de la flotte. — Arrivée devant Alexandrie. — Proclamation de Bonaparte; exposition du sujet. — Débarquement de l'armée. — Dénombrement des chefs. — Portraits. — Marche vers Alexandrie. — Préparatifs de défense. — Le chérif Koraïm. — Assaut. — Menou et Kléber blessés. — L'Arabe Souliman. — Prise de la ville. — L'armée se dispose à marcher sur le Caire. — Avant-garde commandée par Desaix.

CHANT PREMIER.

ALEXANDRIE.

Puissent les souvenirs de cette grande histoire
Consoler notre siècle, orphelin de la gloire !
Indolens rejetons d'aventureux soldats,
Suivons aux bords du Nil leurs gigantesques pas,
Dans ces déserts brûlans où montent jusqu'aux nues
Des sépulcres bâtis par des mains inconnues.

Soldats de l'Orient! héros républicains,
Qu'a brunis le soleil de ses feux africains;
Vous, dont le jeune Arabe, avide de merveilles,
Mêle souvent l'histoire aux fables de ses veilles;
Approchez, vétérans! à nos foyers assis,
Venez, enivrez-nous d'héroïques récits;
Contez-nous ces exploits que votre forte épée
Gravait sur la colonne où repose Pompée [1];
Reportez un instant sous les yeux de vos fils
Les tentes de la France aux déserts de Memphis;
Dites-nous vos combats, vos fêtes militaires,
Et les fiers Mamelucks aux larges cimeterres,
Et la peste, fléau né sous un ciel d'azur,
Des guerres d'Orient auxiliaire impur,
Et le vent sablonneux, et le brillant mirage [2]
Qui montre à l'horizon un fantastique ombrage;
Déroulez ces tableaux à notre souvenir
Jusqu'au jour où, chargés des palmes d'Aboukir,

ALEXANDRIE.

Vos bras ont ramené de l'Égypte lointaine
Et le drapeau d'Arcole et le grand capitaine.

Comme un camp voyageur peuplé de bataillons,
Qui dans l'immense plaine étend ses pavillons,
A la brise du nord, une flotte docile
Sillonnait lentement les eaux de la Sicile;
Sur les canons de bronze et sur les poupes d'or,
Brille un premier soleil du brûlant messidor :
Où vont-ils? on l'ignore; en ces mers étonnées
Un bras mystérieux pousse leurs destinées,
Et le pilote même, au gouvernail assis,
Promène à l'horizon des regards indécis [3].

Qu'importe aux passagers le secret du voyage?
Celui qui vers le Tibre entraîna leur courage,
Sous les mêmes drapeaux les rallie aujourd'hui,
Et leur noble avenir repose tout en lui.
Parfois, des sons guerriers la magique harmonie
Appelait sur les ponts l'immense colonie :
Aux accords des clairons, des timbales d'airain,
Dix mille voix chantaient le sublime refrain
Qu'aux momens des assauts, ivres d'idolâtrie,
Répétaient nos soldats, enfans de la patrie;
C'était l'hymne du soir... et sur les vastes flots
Les héroïques chants expiraient sans échos [4].

La flotte cependant, dans la mer agrandie,
Laissant Malte vaincue et la blanche Candie,
Pour la dernière fois a vu tomber la nuit;
A la cime des mâts dès que l'aube reluit,

ALEXANDRIE.

On voit surgir des flots la pierre colossale.
Qu'éleva l'Orient au vaincu de Pharsale,
Et les hauts minarets dont le riche Croissant
Reflète dans son or les feux du jour naissant;
Sur le pont des vaisseaux un peuple armé s'élance :
Immobile et pensif, il admire en silence
Ces déserts sans abris, dont le sol abaissé
Semble un pâle ruban à l'horizon tracé;
Les palmiers qui, debout sur ces tièdes rivages,
Apparaissent de loin comme des pins sauvages,
Et l'étrange cité qui meurt dans le repos,
Entre un double océan de sables et de flots [5].

Dans ce moment, l'escadre, en ceinture formée,
Entoure le vaisseau qui commande l'armée.
De chefs et de soldats de toutes parts pressé,
Sur la haute dunette un homme s'est placé :

Ses traits, où la rudesse à la grandeur s'allie,
Portent les noirs reflets du soleil d'Italie;
Sur son front soucieux ses cheveux partagés,
Tombent négligemment sur la tempe alongés;
Son regard, comme un feu qui jaillit dans la nue,
Sillonne au fond des cœurs la pensée inconnue;
De l'instinct de sa force il semble se grandir,
Et sa tête puissante est pleine d'avenir!...
Debout, les bras croisés, l'œil fixé sur la rive,
Le héros va parler, et l'armée attentive
Se tait pour recueillir ces prophétiques mots,
Que mêle la tempête au son rauque des flots :
« Soldats, voilà l'Égypte ! Aux lois du cimeterre
« Les beys ont asservi cette héroïque terre;
« De l'odieux Anglais ces dignes favoris,
« A notre pavillon prodiguent le mépris,
« Et feignent d'ignorer que notre République
« Peut étendre son bras jusqu'aux sables d'Afrique :

« L'heure de la vengeance approche ; c'est à vous
« Que la France outragée a confié ses coups.
« Compagnons ! cette ville où vous allez descendre,
« Esclave de Mourad, est fille d'Alexandre ;
« Ces lieux, que le Coran opprime sous ses lois,
« Sont pleins de souvenirs, grands comme vos exploits.
« Le Nil long-temps captif attend sa délivrance ;
« Montrons aux Mamelucks les soldats de la France,
« Et du Phare à Memphis retrouvons les chemins
« Où passaient avant nous les bataillons romains [6] ! »
Il se tait à ces mots ; mais ses lèvres pressées
Semblent garder encor de plus hautes pensées [7].

Soudain mille signaux, élevés sur les mâts,
Au rivage d'Égypte appellent nos soldats.
Sur le pont des vaisseaux, dans leurs vastes entrailles,
Retentit un bruit sourd, précurseur des batailles,

Et de longs cris de joie élancés dans les airs
Troublent le lourd sommeil de ces mornes déserts.
On eût dit, aux transports de l'armée attendrie,
Qu'un peuple voyageur saluait sa patrie :
Par les sabords ouverts, par les câbles tendus,
Tous, de la haute poupe en foule descendus,
Pressés de conquérir ces rives étrangères,
Tombent en rangs épais dans les barques légères,
Et les canots, croisant leurs bleuâtres sillons,
Couvrent la vaste mer de flottans bataillons.

Quel fut le noble chef qui sur l'aride plaine
Descendit le premier comme dans son domaine ?
C'est Menou, qui, jouet d'un étrange destin,
Quittera le dernier ce rivage lointain ;
Bientôt, à ses côtés, de la rive s'élance
L'élite des guerriers déja chers à la France :

ALEXANDRIE. 31

Belliard, Bon, Davoust, Vaubois, Reynier, Dugua,

L'intrépide Rampon, le sage Dufalga [8];

Kléber, de ses cheveux secouant l'onde amère,

Des flots qui l'ont porté sort comme un dieu d'Homère;

Il marche, et d'autres chefs s'avancent après lui :

Andréossy, Dumas, Verdier, Leclerc, Dumuy,

Lannes, qui de ce jour datait sa grande histoire;

Marmont, dont l'avenir commençait par la gloire;

Junot, qui, hors des rangs aventureux soldat,

De duels en duels éternise un combat;

Berthier, du jeune chef le confident intime;

Eugène Beauharnais, enfant déja sublime,

Qui, de la République exemplaire soutien,

Vengeait le sang d'un père en répandant le sien.

Voilà Desaix : on lit sur son visage austère

Des antiques Romains la vertu militaire;

De ses habits sans faste il proscrit l'appareil,

Il est calme au combat, sage dans le conseil,

Citoyen sous la tente, et son ame s'applique
A servir sans éclat la jeune République.
Quel est ce cavalier sur la selle affermi,
Qui, déja tout armé demande l'ennemi,
Et d'un triple panache ornant sa noble tête,
Semble accourir ici comme aux jeux d'une fête?
C'est Murat; dans les rangs d'un léger escadron
Jamais plus brave chef ne ceignit l'éperon;
Des modernes combats dédaignant la tactique,
Il marche indépendant comme un guerrier antique,
Et souvent, loin des siens isolant ses exploits,
Provoque tout un camp du geste et de la voix;
Partout on voit briller dans la poudreuse lice
Son casque théâtral, sa flottante pelisse;
Ce costume pompeux, luxe qu'il aime tant,
Le signale de loin comme un but éclatant,
Et debout dans le choc des luttes inégales,
On dirait qu'il a fait un pacte avec les balles :

ALEXANDRIE.

Va! les champs de bataille, où tu sèmes l'effroi,
Seront contre la mort un refuge pour toi :
C'est ainsi que, vingt ans, ta généreuse vie
Passera sous les feux de l'Europe asservie,
Achille de la France! Et le lâche Destin
Réserve à ta poitrine un plomb napolitain!

Les soldats, à la voix du père de l'armée,
Ont repris dans les rangs leur place accoutumée :
Les bras levés aux cieux, tous de leurs saints drapeaux
Contemplent en pleurant les glorieux lambeaux.
De ces noirs bataillons la plaine est obscurcie :
Des bords de l'Éridan, des monts de l'Helvétie,
On avait vu courir ce peuple de soldats,
Que l'homme du destin attachait à ses pas,
Et qui, d'un long exil oubliant la souffrance,
Près de leur jeune chef voyaient toujours la France.

Cependant Bonaparte, avare des momens,
A caché dans la nuit sa marche aux Musulmans ;
A peine la lueur qui dissipe les ombres,
Des monumens épars blanchissait les décombres,
Que l'écho solennel de la ville aux cent tours
Des bataillons français entendit les tambours ;
De leurs longs roulemens la foule épouvantée
Erre comme les flots d'une mer tourmentée ;
Sur le toit des maisons, les pâles habitans
Contemplent les drapeaux dans la plaine flottans,
Et des chiens vagabonds les meutes accourues,
D'un lugubre concert font retentir les rues ;
Du haut des minarets, les aveugles Musseins [9]
Appellent les croyans sous les portiques saints ;
A leur dolente voix, les femmes convoquées
Inondent, en pleurant, le parvis des mosquées ;
Et dans de longs versets les farouches Imans
Recommandent l'Égypte au dieu des Musulmans.

ALEXANDRIE.

Tandis qu'un peuple faible, égaré par la crainte,

D'Alexandrie en deuil remplit la vaste enceinte,

Les soldats du Prophète, au sommet des remparts,

Promènent, à grands cris, leurs soyeux étendards ;

Alors sont accourus cinq mille janissaires,

Du sultan de Stamboul superbes émissaires ;

Les Mores demi-nus, ouvrant les arsenaux,

Poussent les vieux canons sur le bord des créneaux ;

Le Maugrabin cuivré, le Bédouin indocile,

Pour la première fois soldats dans une ville,

Des remparts menacés noircissent le contour ;

Et le fier Koraïm paraît sur une tour.

Koraïm ! des chérifs que la cité révère

Nul n'exerça jamais un pouvoir plus sévère ;

Ce riche Musulman, tel qu'un prince absolu,

Marche presque l'égal des Beys qui l'ont élu ;

Ses caïques légers, sous la voile latine,

Portent l'ambre et le musc d'Égypte en Palestine ;

Ses étalons guerriers, ses immenses troupeaux,
Du sinueux Delta foulent les verts roseaux,
Et trente eunuques noirs, sous la grille farouche,
Gardent dans ses harems les trésors de sa couche.
Hélas! un bruit sinistre, au lever du soleil,
De l'heureux Koraïm a pressé le réveil,
Et déja, brandissant le sabre des batailles,
Il insulte aux chrétiens du haut de ses murailles.

L'armée en ce moment, serpent volumineux,
Autour d'Alexandrie a resserré ses nœuds.
Tout est prêt pour l'assaut; les vieilles compagnies
Accourent en portant les échelles unies,
Les dressent dans les airs; et mille bras tendus
Appliquent sur les murs ces chemins suspendus:
Alors, vers tous les points que l'échelle menace,
Les soldats musulmans, la noire populace,

ALEXANDRIE.

Accourent pêle-mêle, et dans les arsenaux
Fouillent, de désespoir, pour armer leurs créneaux.
Mais, à la voix des chefs soudain mêlant la sienne,
Le tambour a battu la charge aérienne,
L'hymne patriotique éclate dans les rangs ;
Les cymbales d'airain, les clairons déchirans,
Entonnant au désert leur guerrière fanfare,
Réveillent en sursaut le vieil écho du Phare ;
A ces cris, à ces chants, les bataillons mêlés
Se cramponnent aux murs à flots amoncelés ;
Une ligne de feu, qui jaillit sur leur tête,
Des tours et des créneaux illumine le faîte ;
Koraïm est partout ; son aveugle transport
Fournit au désespoir mille instrumens de mort ;
Le peuple entend sa voix ; sa brutale industrie
Arrache les créneaux des tours d'Alexandrie,
Et quand ces larges blocs résistent à ses mains,
Alors, du haut des murs, les chapiteaux romains,

Les torses anguleux, les frises ciselées,
Le vieux sphinx de granit aux faces mutilées,
Tombent de bonds en bonds, et leurs vastes éclats
Sur l'échelle pliante écrasent les soldats.

Le premier à l'assaut, Menou, d'un vol agile,
Montre à ses grenadiers le chemin de la ville :
Tous le suivent des yeux; teint de poudre et de sang,
Sur la plus haute tour il arrache un croissant :
« Attends ! » dit Koraïm; de ses bras athlétiques
Il rompt le dur ciment des murailles antiques,
Et, sous le vaste bloc du rempart assailli,
Menou, deux fois blessé, retombe enseveli.
Au milieu des débris et des flots de fumée
Kléber est apparu; le géant de l'armée,
S'est frayé dans les airs d'audacieux chemins;
Il embrasse une tour de ses puissantes mains;

ALEXANDRIE.

Déja l'on distinguait à son immense taille
Le Germain colossal debout sur la muraille,
Quand un soldat farouche, Arabe basané,
Rampant sur les créneaux, jusqu'à lui s'est traîné;
Souliman est son nom, sa patrie est le Caire;
C'est là que des Imans ont instruit le sicaire,
Qui, maigre d'abstinence et dévoré de fiel,
Par un meurtre éclatant veut conquérir le ciel [10];
Au moment où Kléber vers l'Arabe s'incline,
La dague du Séide a frappé sa poitrine.
Il tombe, et les soldats, hors du poudreux fossé,
Portent, en frémissant, leur général blessé.

Tandis que sur les tours les enfans du Prophète
Par ce double succès retardent leur défaite,
Du fond de la cité, de lamentables cris
Étonnent Koraïm, vainqueur sur les débris;

Loin du sanglant théâtre où son bras se signale,
Les Francs ont assailli la porte orientale;
L'intrépide Marmont, une hache à la main,
Brise ses lourds battans semés de clous d'airain,
Et cette large issue, ouverte à sa colonne,
Semble un gouffre béant où la mer tourbillonne.
Tout a fui : les Français dominent les remparts :
Le pâle Koraïm, qu'entraînent les fuyards,
Tourne ses yeux troublés vers les tours sans défense,
Et voit sur leurs créneaux l'étendard de la France.

Ainsi ces bataillons, que le souffle des mers
Poussait la veille encor vers de lointains déserts,
Répétant aujourd'hui l'hymne de leur patrie,
Entrent victorieux aux murs d'Alexandrie.
Mais, avant de s'asseoir sur les rives du Nil,
Que de maux leur promet cette terre d'exil !

ALEXANDRIE. 41

Qu'ils goûtent cependant dans la ville étrangère
D'un tranquille bivac la faveur passagère;
Sous le toit de palmiers que leurs mains ont construit,
Qu'en rêvant de leur gloire ils dorment cette nuit!
Demain, quand le soleil, du reflet de son disque,
Rougira le vieux Phare et le double obélisque [11],
Entourés de périls sans gloire et sans combats,
Ces guerriers sur le sable imprimeront leurs pas,
Et, dans les flots mouvans de la plaine enflammée,
Desaix, comme un pilote, appellera l'armée.
Puissent-ils, survivant à de longues douleurs,
Des gouffres du désert sauver les trois couleurs!
Puissent-ils, du grand fleuve atteignant les lisières,
Ouvrir leur bouche ardente à l'air frais des rizières [12],
Et montrer tout-à-coup, par la voix du canon,
La France inattendue aux enfans de Memnon!

CHANT SECOND.

MOURAD-BEY.

ARGUMENT.

EL-MODHI, l'Ange exterminateur.—Il s'échappe d'Alexandrie et prend la route du Caire.— L'oasis d'Hellé. — Description du palais et des jardins de Mourad-Bey.—Scène nocturne de sérail. — La captive persane. — Arrivée imprévue d'El-Modhi.— Son entrevue avec Mourad.—Discours de l'Ange exterminateur.—Mourad rassemble ses Mamelucks et quitte son palais.—L'armée française arrive sur les bords du Nil.—Désastre d'Aboukir.

CHANT SECOND.

MOURAD-BEY.

Seul de tous les vaincus, couvert d'une ombre amie,
Un Arabe marchait dans la ville endormie :
Des emblèmes sanglans ornent son large sein;
Sur son dos retentit le carquois abissin,
Et la peau d'un jakal, en turban déroulée,
Agite sur son front sa gueule dentelée.

CHANT SECOND.

Un *Qui vive?* perçant résonne; l'étranger
Précipite le pas de son cheval léger
En s'écriant : « Tremblez, chrétiens, race infidèle!
Des cavaliers du Nil je vais armer le zèle...
Ils sont venus les jours par le Coran prédits :
L'Égypte se soulève, et moi je vous maudis! »

A ces mots, sous le feu dont il brave l'atteinte,
De la double muraille il a franchi l'enceinte,
Et dirige son vol, plus vite que l'oiseau,
Vers les lacs de Natroun et le Fleuve-sans-Eau [1] :
Quel est son nom? Son nom, ineffable syllabe,
Se prononce tout bas dans la veillée arabe;
On dit qu'il fut créé, pour de secrets desseins,
Sous les dunes d'Ammon, ou chez les Abissins;
Mais, quel que soit le peuple où le sort le fit naître,
Dans le sein d'une femme il n'a pas reçu l'être :

Les esprits infernaux le protégent ; on dit
Que le plomb des chrétiens sur son flanc nu bondit,
Qu'il charme les jakals; que sa puissante haleine
Arrête le boulet qui siffle dans la plaine.
Être mystérieux et prophéte imposteur,
Son nom est EL-MODHI, l'Ange exterminateur.

Mais rien ne trouble encor le long repos du Caire :
Autour de ses remparts la plaine est solitaire;
C'est l'heure où le soleil, immobile au zénith,
Des sépulcres épars embrase le granit;
Du désert de Ghizé la luisante poussière
Comme un miroir poli reflète la lumière,
Et le Bédouin qui suit le sentier sablonneux
Dans son poumon brûlant n'aspire que des feux.
Ah! du moins, s'il pouvait, au centre de la plaine,
Pour éteindre l'ardeur qui sèche son haleine,

CHANT SECOND.

Respirer un instant l'abri délicieux
De l'oasis d'Hellé, que dévorent ses yeux[2] !
Mais la belle oasis, comme une île sacrée,
Aux esclaves du Nil interdit son entrée ;
Et le fier Mameluck, despote souverain,
De ce riche domaine exclut le pèlerin.
C'est là que Mourad-Bey, sous de verts sycomores,
Au murmure éternel des fontaines sonores,
Sous de frais pavillons de cèdre et de santal,
Pare ses voluptés du luxe oriental.
Dans son divan pompeux le vent frais de l'Asie
Se glisse en agitant la verte jalousie ;
Sur le marbre poli d'un vaste corridor
Rampent en longs anneaux les arabesques d'or.
L'iris, le basilic, la rose d'Idumée,
Forment de ses jardins la ceinture embaumée,
Et le frêle palmier de son large éventail
Ombrage avec amour les dômes du sérail.

Là, quittant, sans témoins, leurs tuniques de gaze,

Belles de nudité, les filles du Caucase,

Sous de secrets trésors promenant le miroir,

Préparent à Mourad les délices du soir;

Et lui, sur l'ottomane où sa langueur repose,

Enivré des parfums de cinnamme et de rose,

A ses ongles polis imprime le carmin;

Ou, portant à sa lèvre un tube de jasmin,

Il brûle gravement la feuille opiacée

Que pour son doux seigneur cueille Laodicée[3].

Héros voluptueux qu'assiège un mol ennui,

Quel œil, en ce moment, reconnaîtrait en lui

Ce bey des Mamelucks, fils de la Circassie,

Qui nourrit de combats sa jeunesse endurcie?

Il languit au sérail... Mais, quand ce bras puissant

Se roidit pour venger la gloire du Croissant,

4.

Ce bras, dans la bataille, armé pour le Prophète,

Comme un hochet d'enfant fait voler une tête...

Ah! tant que ce beau jour luira sur l'horizon,

Qu'il goûte du harem le suave poison!

Le soleil de demain sera moins doux peut-être!

Qu'il soit heureux encor, ses femmes vont paraître!

Voici l'heure pudique où l'eunuque thébain,

Haletantes d'amour, les ramène du bain;

De jeunes Icoglans, nés dans la Géorgie,

Rangent autour des murs l'éclatante bougie;

D'autres sur les divans sèment les doux coussins,

Portent les mets exquis sur de larges bassins,

Et jettent dans le vase où le tison pétille

Du sérail de Stamboul l'odorante pastille.

Les femmes cependant, que le bey suit des yeux,

Marchaient sur les tapis d'un pas silencieux,

Quand, au signal du maître, un esclave d'Asie

Touche d'un doigt léger l'odalisque choisie:

La captive s'arrête, et deux eunuques blancs
Jusqu'aux pieds de Mourad guident ses pas tremblans [4].
Pour la première fois la timide Persane
Levait dans le sérail son voile diaphane :
Un vieux marchand d'Ormus, par Mourad appelé,
Ce matin l'a vendue aux eunuques d'Hellé.
Mourad a respiré son haleine amoureuse,
Plus douce qu'un parfum de l'Arabie-Heureuse;
L'ivresse dans son cœur fermente : il va saisir
Un sein tout palpitant de honte et de plaisir...
Tout-à-coup les éclats d'une voix inconnue
Ébranlent du sérail la sonore avenue :
L'Africain monstrueux, argus des corridors,
Répond par un cri rauque aux clameurs du dehors;
L'impétueux Mourad, qui de rage frissonne,
S'élance au vestibule où cette voix résonne;
Sur le seuil du palais il pose un pied hardi,
Et tressaille de joie en voyant El-Modhi :

« Entre! » lui dit Mourad; et sa main, familière,
Ouvre de son divan la salle hospitalière.

« La paix soit avec toi! dit le sombre étranger;
« Malheur à qui sommeille à l'heure du danger!
« Tu régnes sur l'Égypte aujourd'hui; mais peut-être
« L'Égypte dans trois jours aura changé de maître...
« Les Francs ont envahi la terre des élus;
« Alexandrie est prise et Koraïm n'est plus!
« La horde sacrilége, aux sables échappée,
« Près des rives du Nil à cette heure est campée;
« Elle approche du Caire... et Mourad, endormi,
« Sur des coussins de soie attend son ennemi! »
« — El-Modhi, quel langage est sorti de ta bouche!
« Qu'Allah séche à l'instant cette main qui te touche,
« Que mon nom soit rayé du livre de la loi,
« Si le bruit d'un combat est venu jusqu'à moi!

MOURAD-BEY.

« Que veulent ces chrétiens? Vers mon riche domaine
« Quel Sultan les conduit? quel motif les amène? »
« — Écoute, Mourad-Bey : les chrétiens, en naissant,
« Sucent avec le lait la haine du Croissant,
« Et Dieu les a maudits! Sous les murs de leurs villes
« Ils plantent des nopals et des figuiers stériles ;
« Leur Nil ne sort jamais de son canal étroit,
« Leur ciel est nébuleux et leur soleil est froid.
« Pareils à ces oiseaux, convives de l'hiène,
« Qui noircissent les airs de leurs ailes d'ébène,
« Ils viennent dévorer l'Égypte... Leur Sultan
« Semble un grossier fellah sous son humble caftan :
« Son corps frêle succombe au choc d'une bataille,
« Et ton sabre, debout, dépasserait sa taille.
« Maintenant, ô Mourad! recueille dans ton sein
« Les suprêmes avis du prophète abissin :
« Arme tes Mamelucks; que l'Égypte assoupie
« Se réveille avec eux contre une race impie!

« Attends nos ennemis : Dieu te les livrera
« Près les tombeaux détruits qui bordent Saccara.
« Et moi, je vais tirer le glaive de l'archange,
« Le glaive Zuphalgar, qui punit et qui venge [5] :
« Plus de repos pour moi ! je ne cueille, en courant,
« Que le fruit du palmier, que l'onde du torrent ;
« Je franchis le désert : du pacha de Syrie
« J'appelle à ton secours la milice aguerrie ;
« Et les peuples de Tor, à ma voix réveillés,
« Chasseront les chrétiens des bords qu'ils ont souillés [6] :
« Au sabre des élus El-Modhi les condamne ;
« Sur eux et sur leurs fils, sur leur culte profane,
« Anathème ! Ils sauront que, pour leur châtiment,
« Je suis, sur AL-BORAK, tombé du firmament ! »
Il dit, et, sans attendre une vaine réponse,
Comme l'Esprit des nuits dans la plaine il s'enfonce.

Mourad frémit de rage à ces derniers accens :

MOURAD-BEY.

Les rapides éclairs de ses yeux menaçans
Étincellent dans l'ombre; et sa voix, qui résonne,
Trouble de l'oasis le repos monotone.
A ces cris belliqueux, à ces accens connus,
Les Mamelucks épars accourent demi-nus;
Ils répondent de loin; et, dans la solitude,
On entend leurs coursiers hennir d'inquiétude.
Mourad, sur l'étalon que lui-même a sellé,
Donne un dernier regard au doux sérail d'Hellé;
Et, comme un léopard forcé dans son repaire,
Il bondit, en hurlant, sur la route du Caire.

Cette nuit même encore, au désert échappé,
Sur les rives du Nil Bonaparte a campé.
Un écho prolongé qui sur le fleuve roule,
Son lugubre pareil à la voix de la houle,

CHANT SECOND.

Pareil au timbre sourd qui dans l'air va mourir,
Porte aux soldats français le canon d'Aboukir 7...
Leur ame, abandonnée à d'horribles présages,
Imprime la terreur sur leurs pâles visages;
Et tous, silencieux, tournés vers l'occident,
Montrent le ciel rougeâtre et l'horizon ardent.

Aux premières lueurs de l'aube, sur la rive,
Épuisé de sa course, un messager arrive :
La sueur et le sable ont souillé ses cheveux;
Aux humides lambeaux de ses vêtemens bleus
Pendent les ancres d'or par les flammes noircies.
Aux légions du camp, autour de lui grossies,
Il s'adresse; sa bouche exhale un faible son;
On n'entend que ces mots: BRUEYS, ABOUKIR, NELSON!
L'effroyable récit dans sa rauque poitrine
Expire; mais l'armée en tremblant le devine :

MOURAD-BEY.

Bientôt elle apprendra qu'en cette nuit de deuil

La France peut trouver même un sujet d'orgueil...

On dit que ses marins, d'une voix étouffée,

Saluaient leur cocarde aux chapeaux agrafée,

Et, près de s'engloutir dans les brûlantes eaux,

Clouaient les trois couleurs aux mâts de leurs vaisseaux.

Soldats, vous laverez ces désastreux vestiges :

Le sort veut vous contraindre à créer des prodiges !

Un cercle de périls autour de vous s'étend :

Aux plaines de Ghizé Mourad-Bey vous attend ;

Nelson vous a fermé la barrière de l'onde ;

Isolés dans l'Égypte et séparés du monde,

Pour revoir la patrie il vous reste un chemin :

C'est le champ de bataille... il s'ouvrira demain !

CHANT TROISIÈME.

LES PYRAMIDES.

ARGUMENT.

Les plaines du Caire au lever de l'aurore.—Les Pyramides de Ghizé. — Arrivée de l'armée française devant les Pyramides. — Proclamation de Bonaparte. — Mourad-Bey sur les hauteurs d'Embabeh. — Dénombrement de l'armée égyptienne. — Portrait de Mourad ; son discours aux Mamelucks. — Premier choc de la cavalerie contre les carrés. — Incidens de la bataille. — Déroute des Mamelucks. — Épisode de Sélim. — Fuite de Mourad-Bey dans le désert.

CHANT TROISIÈME.

LES PYRAMIDES.

C'était l'heure où jadis l'aurore au feu précoce
Animait de Memnon l'harmonieux colosse;
Elle se lève encor sur les champs de Memphis,
Mais la voix est éteinte aux lèvres de son fils;
Les siècles l'ont vaincu : l'œil reconnaît à peine
Le géant de granit, étendu sur l'arène;

CHANT TROISIEME.

Il semble un de ces rocs que, de sa forte main,
La nature a taillés en simulacre humain [1] !
L'Arabe en ce moment, le front dans la poussière,
Saluait l'Orient, berceau de la lumière ;
Elle dorait déja les vieux temples d'Isis,
Et les palmiers lointains des fraîches oasis ;
Une blanche vapeur, lentement exhalée,
Traçait le cours du Nil dans sa longue vallée :
Le brouillard fuit ; alors apparaissent aux yeux
Ces monts où Pharaon dort avec ses aïeux ;
Sur l'océan de sable, archipel funéraire,
Ils gardent dans leurs flancs un poudreux reliquaire,
Et, cercueils immortels de ce peuple géant,
Élévent jusqu'aux cieux la pompe du néant [2] !
Cependant le tambour, au roulement sonore,
Annonce que l'armée arrive avec l'aurore :
A l'aspect imprévu des merveilleux débris,
Un saint recueillement pénétra les esprits ;

LES PYRAMIDES.

Et nos fiers bataillons, par des cris unanimes,
Des tombeaux de Chéops saluèrent les cimes.
Inspiré par ces lieux, le chef parle, et ces mots
Dans l'armée attentive ont trouvé mille échos :
« Soldats, l'heure est venue où votre forte épée
« Doit briser de Mourad la puissance usurpée :
« Des tyrans Mamelucks le dernier jour a lui !
« Dans le feu du combat songeons tous aujourd'hui
« Que, sur ces monumens si vieux de renommée,
« Quarante siècles morts contemplent notre armée ! »
Il a dit; aux longs cris qui résonnent dans l'air,
Se mêle un bruit d'airain froissé contre le fer;
Et ce fracas guerrier, perçant la plaine immense,
Révèle à Mourad-Bey les soldats de la France.

Le chef des Mamelucks, de leur approche instruit,
Sur les dunes de sable a campé cette nuit;

5.

CHANT TROISIÈME.

Embabeh voit briller sur la cime des tentes
L'étendard du Prophète aux crinières flottantes;
Et ce camp populeux, sur les hauteurs tracé,
Semble un vaste croissant de canons hérissé.
Là veillent les spahis, les fougueux janissaires,
Des peuples d'Occident éternels adversaires;
Dix mille Mamelucks, au vol précipité,
Du désert sablonneux couvrent la nudité;
D'autres du Nil voisin ont bordé le rivage :
Ils refoulent à gauche une horde sauvage
De Grecs, d'Arméniens, de Cophtes demi-nus,
D'Africains arrivés de pays inconnus;
De paisibles fellahs, tourbe indisciplinée,
Par la peur du bâton au péril condamnée;
D'Arabes vagabonds que l'espoir du butin
Autour des Mamelucks rallia ce matin :
Ces nomades soldats pressent leurs rangs timides;
Des tentes de Mourad au pied des Pyramides.

LES PYRAMIDES.

Bonaparte s'avance, et son regard, si prompt,
De la ligne ennemie a mesuré le front;
Son génie a jugé le combat qui s'apprête,
Un plan vainqueur jaillit tout armé de sa tête :
D'agiles messagers, sous les canons tonnans,
Portent l'ordre du chef à tous ses lieutenans,
Et bientôt à leur voix l'obéissante armée,
En six carrés égaux dans la plaine est formée [3].

D'épouvantables cris ont troublé le désert :
De l'enceinte du camp, sous leurs pas entr'ouvert,
Des hauteurs d'Embabeh, peuplé de janissaires,
Accourent au galop Mourad et ses vingt frères;
Déja le Bey superbe a parcouru trois fois
Les rangs des Mamelucks alignés à sa voix :
Qu'il est brillant d'orgueil! Jamais fils de Prophète
N'avait paru plus beau sous son habit de fête;

Une aigrette mobile, aux rubis ondoyans,
Orne son turban vert, respecté des croyans;
Sur sa mâle poitrine, où le croissant éclate,
Pendent les boutons d'or de sa veste écarlate;
Un large cachemire, en ceinture roulé,
Supporte un atagan au fourreau ciselé;
Sa main brandit un sabre, et sur sa haute selle
D'un double pistolet la poignée étincelle [4].
Les chefs suivent ses pas; l'éclatant cavalier,
D'un geste impérieux à sa main familier,
A fait taire la foule en long cercle épaissie;
Mourad s'est écrié : «Fils de la Circassie,
«De la loi du Prophéte invincibles soutiens,
«Les voilà devant vous, ces odieux chrétiens;
«Étrangers sans abris, comme une écume immonde
«La mer les a jetés sur l'Égypte féconde;
«Rebut de leur pays, en ce climat lointain,
«Ils viennent se gorger d'amour et de butin;

LES PYRAMIDES.

«Déja maîtres du Nil, dans leurs folles pensées,
«Ils pillent nos moissons sur la rive entassées;
«Soumettant vos coursiers à leurs indignes mors,
«De nos chastes sérails profanent les trésors;
«Et, blasphémant de Dieu la puissance invoquée,
«Frappent son peuple saint dans la grande mosquée.
«Eh! quels bras impuissans pour d'aussi grands desseins!
«Voyez ces cavaliers, ces pâles fantassins,
«Qui, vaincus par la marche et déja hors d'haleine,
«Fondent sous un soleil qui nous échauffe à peine;
«Et ces chevaux chrétiens, fils de pères sans nom,
«Tout palpitans de crainte au seul bruit du canon!
«Que béni soit Allah! sa colère allumée
«Au sabre de ses fils condamne cette armée;
«Sa main droite a jeté ces indignes rivaux
«Comme la paille sèche aux pieds de nos chevaux.
«Obéissons à Dieu! Ce soir, ivre de fêtes,
«Le Caire illuminé contemplera leurs têtes;

CHANT TROISIEME.

«Et l'insolente Europe apprendra par nos coups
«Que l'Égypte est esclave et n'obéit qu'à nous.
«Marchons, gloire aux croyans et mort aux infidéles! »

Comme le vent de feu, dont les immenses ailes,
Du mobile désert tourmentant les vallons,
Précipitent l'arène en larges mamelons;
Ainsi des Musulmans l'impétueuse masse
Du Nil aux rangs chrétiens a dévoré l'espace.
On dit qu'au premier choc de ces fiers circoncis,
Les vieux républicains pâlirent, indécis [5]!
Jamais dans l'Italie, aux glorieuses rives,
Ni les Germains couverts de cuirasses massives,
Ni des légers Hongrois les poudreux tourbillons,
N'avaient d'un pareil choc heurté nos bataillons.
La profonde colonne, un instant ébranlée,
Vit le fer de Mourad luire dans la mêlée;

LES PYRAMIDES.

Mais, à la voix des chefs, déjà les vétérans
Sur la ligne rompue ont rétabli les rangs.
Ainsi, dans ces marais où les hardis Bataves
A l'Océan conquis imposent des entraves,
Quand la vague, un moment, par de puissans efforts,
De son premier domaine a ressaisi les bords,
L'homme accourt, et bientôt une digue nouvelle
Montre aux flots repoussés sa barrière éternelle.
Dites quel fut le chef qui, sur ses régimens,
Vit luire le premier les sabres ottomans.
Toi, vertueux Desaix! au point d'être entamée,
Déjà ton dévoûment nous sauvait une armée.
Dans les carrés voisins, le soldat raffermi,
Du même front que toi regarde l'ennemi;
Il revient plus terrible, et, dans la plaine immense,
Sur six points isolés le combat recommence.
Déjà les Mamelucks, lancés de toutes parts,
Assiégent des chrétiens les mobiles remparts;

CHANT TROISIÈME.

Tantôt, pressant le vol du coursier qui le porte,
Mourad devant les rangs passe avec son escorte,
Et le geste insolent du hardi cavalier
Provoque le plus brave en combat singulier;
Tantôt sa voix, pareille à l'ouragan qui tonne,
De tous les Mamelucks formant une colonne,
Sous la ligne de feu les pousse en bonds égaux,
Et cet amas confus d'hommes et de chevaux
Résonne sur le fer des carrés intrépides,
Comme un bloc de granit tombé des Pyramides;
Partout la baïonnette et les longs feux roulans,
Des fougueux Mamelucks arrêtent les élans;
Et, telle qu'un géant sous la cotte de maille,
L'armée offre partout sa puissante muraille!
Gloire à Napoléon! on dirait que son bras
Par des chaînes de fer a lié ses soldats,
Et que son art magique, en ces plaines mouvantes,
A bâti sur le roc six redoutes vivantes.

LES PYRAMIDES.

Français et Mamelucks, tous ont les yeux sur lui ;
Au centre du combat, qu'il est grand aujourd'hui !
Sur son cheval de guerre il commande, et sa tête,
Sublime de repos, domine la tempête ;
Mourad l'a reconnu. « Bey des Francs, lui dit-il,
« Sors de tes murs de fer, viens sur les bords du Nil ;
« Et là, seuls, sans témoins, que notre cimeterre
« Dans un combat à mort dispute cette terre ! »
A ces cris de Mourad, vingt braves réunis
Frémissent de laisser tant d'affronts impunis ;
A leur tête Junot, Lannes, Berthier, La Salle,
Du centre aux ennemis vont franchir l'intervalle ;
En même temps, au flanc des bataillons froissés,
Six mille Mamelucks tombent à flots pressés ;
C'est l'heure décisive : un signal militaire
Tonne, et, comme l'Etna déchirant son cratère,
L'angle s'ouvre, et soudain, sur les rangs opposés,
Le canon a vomi ses arsenaux brisés ;

Les grêlons, échappés à leur bouche qui gronde,
Volent avec le feu dans la masse profonde,
Et sous les pieds sanglans des six mille chevaux,
La mitraille a passé comme une immense faux.

Jour de mort et de deuil, où l'Égypte étonnée
Vit de ses Mamelucks l'élite moissonnée!
A ses plus braves chefs Mourad a survécu :
Quel œil reconnaîtrait le superbe vaincu?
Sous la poudre et le sang qui sillonnent sa face,
On voit briller encore une farouche audace;
Halétant de fatigue, il ne tient qu'à demi
Le tronçon d'un damas brisé sur l'ennemi,
Et quitte en soupirant ces plaines funéraires,
Qu'inonda sous ses yeux le sang de ses vingt frères.

De ces héros, tombés pour l'honneur du Croissant [6],
Un seul restait debout : guerrier adolescent,

LES PYRAMIDES.

Jamais, jusqu'à ce jour, son audace contrainte,
Du Caire paternel n'avait franchi l'enceinte;
Du fond de ses jardins, verdoyante prison,
Il contemplait le Nil fuyant à l'horizon;
Ou, près d'une ottomane, appelant ses captives,
Il enivrait ses yeux de leurs danses lascives.
Allah lui réservait un plus noble destin!
Les femmes du sérail ont pleuré ce matin :
Elles ont vu Sélim, sur son cheval de guerre,
Brandir, en souriant, un large cimeterre,
Et voler pour rejoindre, aux heures du péril,
Ses vingt frères campés sur les rives du Nil;
Ses vingt frères... Hélas! la voix de leur Prophéte
Les avait conviés à leur dernière fête!
En vain le peuple en deuil, à la chute du jour,
Sous les portes du Caire, attendra leur retour;
Ils ont vécu! Sélim compte, d'un œil farouche,
Leurs cadavres tombés sur la sanglante couche,

CHANT TROISIÈME.

Et qui, la veille encor de ce jour éternel,

Déposaient sur son front un baiser fraternel.

« Dieu le veut! » a-t-il dit; et son ame oppressée,

D'un désespoir sublime a conçu la pensée :

Du milieu des fuyards, il appelle à grands cris

Quarante Mamelucks, formidable débris,

Qui sur les rangs français, dans les charges fatales,

Avaient poussé vingt fois leurs agiles cavales.

« Amis! dit-il, tirez vos sabres flamboyans,

« Allons mourir; que Dieu soit en aide aux croyans! »

A ces mots, entraînant cet escadron d'élite,

Vers le front de Desaix Sélim le précipite,

Et, le premier de tous, sur le rempart d'acier,

Fait voler par élans son rapide coursier :

Tel un obus, vomi par le bronze qui tonne,

Laboure dans ses bonds l'immense polygone.

Tous arrivent de front; devant les fantassins

Ils fixent brusquement leurs coursiers abissins;

Le mors impérieux qui les pousse en arrière
Les force à se cabrer sur la triple barrière,
Et, dans le bataillon ébranlé sous leur poids,
Les quarante chevaux retombent à-la-fois;
Impuissant désespoir! la ligne de l'armée,
Comme un ressort pliant, sur eux s'est refermée,
Et ce carré de fer, qu'ils viennent d'entr'ouvrir,
Est l'arène fatale où tous doivent mourir.
On dit que, pour venger leur défaite impunie,
Ces guerriers, signalant leur farouche agonie,
Sanglans, percés de coups, sous les chevaux foulés,
Ressuscitaient encor leurs tronçons mutilés;
Au festin de la mort, effroyables convives,
Ils mordaient nos canons de leurs dents convulsives,
Et, rampant sur le sable, un poignard à la main,
Jusqu'aux pieds de Desaix se frayaient un chemin.
Enfin l'ange de mort les touche de son aile;
Leurs yeux, déja pressés par la nuit éternelle,

Cherchent en vain Sélim; ils l'appellent : leurs voix
Murmurent au désert pour la dernière fois!
Et ces nobles amis, victimes volontaires,
Meurent en embrassant leurs coursiers militaires,
Ah! si les Mamelucks, tant de fois repoussés,
Ramenant au combat leurs restes dispersés,
Du généreux Sélim avaient suivi la trace,
La victoire aurait pu couronner tant d'audace,
Et, sous le joug de fer de ses Beys absolus,
Le Caire aurait langui, peut-être, un jour de plus!

Tout a fui : des vaincus l'ondoyante mêlée
Couvre du vieux Memphis la plaine désolée :
Et la pâle Épouvante, au conseil incertain,
Leur indique, en tous sens, un refuge lointain;
Des timides fellahs les bandes vagabondes
Gagnent du Mokatan les carrières profondes;

LES PYRAMIDES.

D'autres, du large fleuve entr'ouvrant les roseaux,
Abandonnent leur vie au courant de ses eaux ;
Infortunés ! en vain, refoulés sur ses rives,
Ils embrassent du Nil les ondes fugitives :
Du rivage envahi, de longs feux soutenus
Atteignent, sous les flots, les nageurs demi-nus.
Quand la nuit s'effaça, la diligente aurore
Vit du sang des vaincus le fleuve rouge encore ;
Sur le Nil limoneux on vit flotter long-temps
Les turbans déroulés, les splendides caftans,
Les pelisses dont l'or dessine les coutures ;
Les housses des chevaux, les soyeuses ceintures,
Et ces flottans débris, que la vague apporta,
Contèrent la bataille aux peuples du Delta.

Ainsi le fier Mourad, dans sa fuite hâtée,
Abandonne aux chrétiens la plaine ensanglantée ;

Il s'arrête parfois : ses regards incertains
Cherchent à l'horizon ses pavillons lointains,
Et le mont sablonneux où, debout dès l'aurore,
Sa tente était si belle, au pied du sycomore :
Peut-être, en ce moment, dans le sérail d'Hellé,
Le secret de sa couche est déja révélé,
Et, dans son propre lit, ses femmes demi-nues
Subissent sans effroi des lèvres inconnues !!!
Déchirant souvenir ! Tandis que, sur ses pas,
Hurlent les Mamelucks échappés au trépas,
Lui, soumis sans murmure aux décrets du Prophète,
Marche comme courbé du poids de sa défaite,
Et bientôt le désert offre à ces grands débris
Son océan de sable et ses vastes abris.
Pour harceler Mourad, que sauve la fortune,
Junot va s'élancer sur la brûlante dune;
Mais la voix du tambour proclame le repos :
Alors un grenadier, vieilli sous les drapeaux,

LES PYRAMIDES.

Saisit un étendard qu'a déchiré la balle,
Et gravit de Chéops la tombe colossale;
Par les gradins rongés au souffle des déserts,
Par les angles détruits, il monte dans les airs;
Et d'un sublime effort, tout palpitant encore,
Plante sur le sommet le drapeau tricolore.
Soudain du camp français un long frémissement
Salua, par trois fois, l'antique monument.
Vous eussiez dit qu'alors tous les rois Ptolémée
Sortaient de leurs cercueils pour voir la grande armée;
Que les morts, dépouillant un suaire en lambeaux,
Quittaient Nécropolis, la ville des tombeaux[7],
Et, gravement posés sur des assises noires,
Dans la langue d'Isis célébraient nos victoires :
Tout de la vieille Égypte annonçait le réveil;
Le ciel était d'azur, l'air calme, et le soleil
Semblait, en s'abîmant dans les gouffres humides,
Sourire à l'étendard qui flotte aux Pyramides.

6.

CHANT QUATRIÈME.

LE CAIRE.

ARGUMENT.

Une nuit au désert. — Bivac de l'armée. — Scènes militaires. — Rondes. — Description de monumens égyptiens. — Allocution du général à l'armée. — Entrée au Caire. — Dénombrement des différens corps. — L'Institut français. — Fête républicaine. — Cantique oriental. — Repas turc. Fête du-Nil. — L'armée se dispose à quitter le Caire. — Expédition de Syrie.

CHANT QUATRIÈME.

LE CAIRE.

Mais le rideau des nuits, lentement déroulé,
Confond avec le sol l'horizon reculé;
Le bruit de la bataille expire, et dans la plaine
Le silence pensif a repris son domaine.
Alors les sons confus d'un étrange concert
S'élèvent lentement; l'immobile désert

Écoute, comme un homme en sa vague insomnie,
Des cascades du Nil la lointaine harmonie ;
Dans ses cris éternels, le nocturne grillon
Demande au sol brûlant un humide sillon ;
Et, transfuge des eaux, sur le sable infertile
Se traîne, en mugissant, l'immense crocodile.
A ces bruits solennels, pour la première fois
Des hommes inconnus mêlent leur grande voix ;
Sur la ligne du camp le cri d'éveil résonne,
Et va s'éteindre au loin, comme un bruit monotone
Que, sous un long portique, au milieu de la nuit,
L'écho redit plus faible à l'écho qui le suit.
Aux rougeâtres lueurs dont la plaine est semée,
Comme une masse informe on distingue l'armée,
Et les soldats errans dans les groupes confus :
Assis sur les tambours, couchés sur les affûts,
Les vétérans conteurs, accoutumés aux veilles,
De leurs premiers travaux redisent les merveilles,

LE CAIRE.

Alors qu'au Mont-Cénis, d'un geste de sa main,
Le jeune Bonaparte imposait un chemin,
Et que, du haut des monts, l'armée enorgueillie
Contemplait sous ses pieds l'éclatante Italie;
Ils passent tour à tour, dans leur rapide élan,
De Crémone à Lodi, de Mantoue à Milan,
Et répètent sans fin cette magique histoire
Où chaque nom de ville est un nom de victoire....
Cependant, autour d'eux leurs compagnons assis,
Des Homères du camp écoutent les récits;
Et l'étrange bivac que la nuit enveloppe,
Dans un cadre d'Asie offre un tableau d'Europe;
Les pieds heurtent souvent les sabres africains,
Les turbans dont les plis recèlent des sequins;
Des étalons sans maître, errant à l'aventure,
Passent en hennissant parmi la foule obscure;
Vers le fond de la scène, acteurs silencieux,
Des Mamelucks captifs on voit luire les yeux,

Et sur les rangs pressés des groupes circulaires,
S'allonge pesamment le cou des dromadaires.

Tandis que nos guerriers, par de grands souvenirs,
D'une nuit de triomphe occupent les loisirs,
D'autres par pelotons, dans leur ronde assidue,
Explorent du désert la muette étendue,
Et visitent sans bruit les postes reculés,
Sous de vieux monumens dans la plaine isolés.
Le *Qui vive?* perçant des rauques sentinelles
Résonne dans le creux des tombes éternelles;
Près du mont de Chéops, un garde aventureux
Surgit, comme un point noir, de ces rocs ténébreux,
Où le désert lui montre à sa blanche surface
Du sphinx monumental la gigantesque face;
Et d'autres, pour veiller aux dangers de la nuit,
Errent sous les arceaux d'un vieux temple détruit;

LE CAIRE.

De loin on croirait voir des ombres fantastiques
Célébrer, sans témoins, ces mystères antiques
Où les prêtres d'Isis, éteignant les flambeaux,
Initiaient le peuple aux secrets des tombeaux.
Hélas! des étrangers, dans ces murs solitaires,
Ont assis sans respect leurs postes militaires.
Le vénérable écho du fond des souterrains
Répète avec effroi de profanes refrains,
Comme aux jours solennels où l'Égypte soumise
Ouvrit ses monumens aux soldats de Cambyse.

Déja les grenadiers, dans leur marche indécis,
Fouillent les corridors par les torches noircis :
Ils admirent long-temps, sur les frises tombées,
Le vif azur qui teint l'aile des scarabées,
Les feuilles de lotus, les farouches typhons,
Les granits constellés qui parent les plafonds ;

CHANT QUATRIÈME.

Les murs où vainement de muets caractères
D'un magique alphabet conservent les mystères;
Les têtes d'Anubis aux longs bandeaux plissés;
Les pylones massifs, en talus abaissés,
Qui, depuis trois mille ans, sur leurs faces jumelles,
Gardent les dieux sans nom aux pendantes mamelles;
Le piédestal sonore où mugissait Apis;
Et les sphinx merveilleux, gravement accroupis,
Qui semblent, sur le seuil de la longue avenue,
Proposer au passant une énigme inconnue [1].

Cependant l'ombre fuit : le clairon matinal
Sous les palmiers d'Hellé donne un premier signal,
Et des Français joyeux la grande caravane
S'éveille dans la plaine aux sons de la diane.
Bonaparte à cheval, de ses chefs escorté,
Des jardins de Mourad vers le camp s'est porté :

Il parle, et les soldats, qu'enivre sa présence,
Pour entendre sa voix se pressent en silence :
« Compagnons, hier encore un superbe ennemi
« Campait sur le sol même où vous avez dormi.
« Le Nil respire enfin libre de ses despotes ;
« Vainqueurs des Mamelucks, à nos compatriotes
« Nous montrerons un jour, d'un bras cicatrisé,
« Les étendards conquis aux plaines de Ghizé.
« Je suis content de vous ; ma voix reconnaissante
« Vous félicite au nom de la patrie absente !
« Un repos mérité vous attend aujourd'hui ;
« Le Caire, sans défense, invoquant votre appui,
« Vous ouvre avec transport son enceinte sacrée :
« Respectez une ville à votre foi livrée ;
« Que l'Égypte soumise, au milieu de vos rangs,
« Trouve des protecteurs et non des conquérans ;
« Songez que d'autres lois gouvernent ces rivages.
« Gardez-vous de troubler leurs mœurs et leurs usages ;

« Détournez vos regards de leurs sérails jaloux;
« Accoutumez le peuple à prier devant vous;
« Et puisque l'Italie, à nos armes soumise,
« Nous a vus respecter Jésus-Christ et Moïse,
« Honorons Mahomet dans ces lointains climats;
« Saluez leurs Imans, leurs Cheiks, leurs Ulémas.
« Songez que les Romains, guerriers et politiques,
« Laissaient aux nations leurs coutumes antiques,
« Et, tolérant partout des préjugés pieux,
« Aux dieux du Capitole associaient leurs dieux. »
Il a dit, et sa main a désigné le Caire :
Les chefs vont répétant le signal militaire.
Soudain, comme un serpent dans la nuit engourdi
Glisse sur ses anneaux aux rayons du midi,
Tout le camp, rassemblé de colonne en colonne,
Sur la route du Caire en ordre s'échelonne.
Ainsi marche l'armée, et ses premiers drapeaux
De la porte du Nil effleurent les arceaux;

LE CAIRE.

Tout le peuple du Caire a devancé l'aurore ;
Il n'a pas attendu que, sur la tour sonore,
Les aveugles Musseins aient annoncé le jour ;
Sur le dôme d'Hassan à l'immense contour,
Sur les hauts minarets élancés dans l'espace,
Sur les toits des maisons aplanis en terrasse,
Sur les frêles balcons, d'où s'échappent des fleurs,
Trois cent mille turbans aux brillantes couleurs,
Sous l'azur d'un beau ciel mosaïque animée,
De leur aspect magique éblouissent l'armée ;
Elle entre : des tambours les roulemens lointains,
Les pavillons de l'Inde aux grelots argentins,
La trombone, le cor, l'éclatante cymbale,
Règlent des bataillons la marche triomphale.
Les Musulmans ravis contemplent sans effroi
Ces soldats d'Occident, enfans d'une autre loi ;
Ils passent tour à tour, et la foule attentive
Compte leurs rangs pressés sous la porte massive :

Ombragés des crins noirs qui parent leurs cimiers,
Les dragons imposans se montrent les premiers;
Plus loin, on voit passer, en épaisse colonne,
Les rapides chasseurs dont le sabre résonne,
Les hussards diaprés de brandebourgs d'argent,
Et ces fiers artilleurs qui, d'un vol diligent,
La veille encor, fixant le sort de la bataille,
Sur les rangs mamelucks promenaient la mitraille.
Les poudreux fantassins suivent les cavaliers :
Ils marchent l'arme au bras, à pas plus réguliers;
De sa triple couleur, le saint drapeau d'Arcole
Arrondit sur leurs fronts l'éclatante auréole,
Et les républicains montrent, enorgueillis,
Leurs uniformes bleus que la guerre a vieillis.
Mais l'innombrable foule, aux portes rassemblée,
Frappe les airs émus de sa voix redoublée :
« Le voilà! le voilà! c'est l'envoyé de Dieu!
« C'est le sultan Kébir! c'est le maître du feu! »

LE CAIRE.

Bonaparte paraît ; levant leur noble tête,
Ses chefs autour de lui contemplent leur conquête ;
Étonnés de leur gloire, ils admirent long-temps
La ville orientale aux dômes éclatans,
Et lui seul, entre tous, regarde sans surprise
Le spectacle prévu d'une ville conquise :
Parfois, prêtant l'oreille au groupe qui le suit,
D'un savant entretien il recueille le fruit.
L'œil reconnaît d'abord à leur grave attitude
Les sages de l'armée inclinés par l'étude,
Soldats inoffensifs qu'un instinct courageux
A poussés de la France au désert orageux,
Et qui, tels qu'Archimède, au sein de la mêlée,
Gardent leur esprit calme et leur ame isolée.
L'histoire à nos neveux redira votre nom,
Monge, Fourrier, Dupuy, Geoffroy, Conté, Denon,
De l'Institut français touchante colonie !
Vous qui du jeune chef secondiez le génie,

Et, liant les beaux-arts en lumineux faisceau,
Rameniez la science à son premier berceau ;
D'un chef aventureux cortége pacifique !
On eût cru voir encor sur cette terre antique
Ces doctes voyageurs, modestes conquérans,
Qu'Alexandre attachait à ses destins errans,
Quand ce jeune héros, sur des sables stériles,
Semait des monumens et bâtissait des villes.
Cependant les soldats, avides de repos,
D'un pas précipité défilent, et leurs flots,
Des quartiers populeux perçant le labyrinthe,
Inondent d'Elbékié la circulaire enceinte.
Le soir, quand les Musseins, dans leurs versets bruyans,
A la prière sainte appelaient les croyans,
Les drapeaux francs, mêlés aux drapeaux du Prophète,
De la haute mosquée ombragèrent le faîte,
Et de la liberté le glorieux ruban,
Des esclaves du Nil ennoblit le turban.

LE CAIRE.

Douze fois le soleil avait lui sur le Caire,

Depuis que dans ses murs la France tutélaire,

De l'antique Divan rétablissant les droits,

Associait l'Égypte au bienfait de nos lois.

C'est le jour de l'année où, de ses eaux captives,

Le Nil impatient presse les hautes rives,

Et, de la forte écluse ébranlant les ressorts,

Promet aux champs brûlés ses limoneux trésors.

L'armée, au même jour, sur la rive africaine,

S'apprête à célébrer l'ère républicaine;

Elle veut resserrer dans un jour solennel

Des deux peuples unis le pacte fraternel;

Le jour luit: du canon le signal militaire

Annonce aux Musulmans le double anniversaire;

Aux yeux de tout un peuple à longs flots accouru,

Sorti de son palais, le héros a paru:

Les Agas, les Chérifs au visage sévère,

Les vieillards du Divan que le peuple révère,

Le Cadi pacifique et les graves Imans,
Le Mufti revêtu de pieux ornemens,
Les Cheiks et les Émirs aux têtes inclinées,
Escortent lentement l'homme des destinées;
Et, des chefs de l'armée avec pompe suivis,
De la grande mosquée inondent le parvis;
Ils sont entrés : alors sous la coupole antique,
Le Mufti vénérable entonne ce cantique :

> Gloire à Kébir, sultan du feu!
> Que Mourad pleure sa défaite!
> Réunis dans le même lieu,
> Célébrons tous la même fête;
> Il n'est pas d'autre Dieu que Dieu,
> Et Mahomet est son prophéte!

Allah ne garde point un éternel courroux :
Sur l'esclave et le pauvre il jette un œil plus doux,

Quand sa puissance est invoquée ;

Son souffle a dissipé nos ennemis puissans ;

Que béni soit son nom ! Qu'un nuage d'encens

Parfume la grande mosquée !

Le Mameluck a dit : Ce palais est à moi ;

Protégé par mon sable, appuyé sur ma loi,

J'insulte aux nations rivales :

Dieu lui-même a créé ces lieux pour mon pouvoir ;

L'Égypte est mon jardin, le Nil est l'abreuvoir

Qui désaltère mes cavales.

Il triomphait encore au matin ; et le soir,

Sous ses pavillons d'or, Kébir, tu viens t'asseoir,

Aussi grand que les Pyramides ;

Ton archange saisit le glaive aux deux tranchans,

Et dans le grand désert il chassa les méchans

Comme des gazelles timides.

CHANT QUATRIÈME.

Gloire à Kébir, sultan du feu !
Que Mourad pleure sa défaite !
Réunis dans le même lieu,
Célébrons tous la même fête ;
Il n'est pas d'autre Dieu que Dieu,
Et Mahomet est son prophète !

Ainsi chantait la voix ; l'hymne mahométan
Volait du saint parvis au pied du Mokatan ;
Mais le héros français, conquérant politique,
Contemple froidement la foule fanatique,
Qui, mêlée aux soldats sous les portiques saints,
Sert d'instrument aveugle à de vastes desseins.
Il sort de la mosquée, et le dévot cortége
Le suit à son palais que tout un peuple assiége.

Là, les chefs du Divan, les Agas, les Cadis,
Autour des chefs français en long cercle arrondis,

LE CAIRE.

Admirent d'un festin la pompe orientale ;

Devant chaque convive avec ordre on étale

Les salubres boissons que permet le Coran ;

Puis, l'onctueux pilau coloré de safran,

Le cédrat savoureux, la grappe parfumée

Que jaunit le soleil sur les ceps d'Idumée,

Le doux fruit du palmier tiède du sol natal,

Et le moelleux sorbet qui ternit le cristal ;

Et pendant que les Turcs, suivant l'antique usage,

Inondent de parfums leur barbe et leur visage,

Que le café brûlant par l'esclave apporté

Sur le front du convive épanche la gaîté,

Les Almés de l'Égypte, agiles bayadères,

Aux longs cheveux flottans, aux tuniques légères,

Secouant les grelots des mauresques tambours,

De leurs corps gracieux dessinent les contours.

Leur amoureuse voix, féconde en poésie,

Chante la volupté sous le soleil d'Asie ;

Leur souffle plus hâté, leurs membres frémissans,
Expriment sans pudeur le délire des sens,
Jusqu'au moment suprême où leur molle attitude
Annonce du plaisir la douce lassitude ;
Le schall obéissant, dans leurs bras soutenu,
Serre leur taille souple ou presse leur sein nu ;
La flamme est sur leur teint, leur regard étincelle,
Une tiède sueur sur la gaze ruisselle,
Et de leur corps lascif, par la danse excité,
S'exhalent des parfums empreints de volupté.

Au milieu des festins ainsi l'heure s'écoule.
Cependant au dehors une innombrable foule
Demandait à grands cris le moment fortuné
Où doit fuir de son lit le Nil emprisonné ;
Bonaparte préside à la fête nouvelle :
Il paraît au Khalig, où le peuple l'appelle[2],

LE CAIRE.

Sur la rive où, roulant ses mugissantes eaux,

Le grand fleuve ébranlait la digue des canaux.

Jamais le Nil, depuis le vieil âge du monde,

N'avait paru plus beau sur ces bords qu'il inonde ;

Et le peuple disait : « Gloire au fils d'Occident,

« Qui donne à notre Égypte un Nil plus abondant ! »

Il disait ; le héros, debout sur la colonne

Qui marque la chaussée où la vague bouillonne,

Faisant tomber l'écluse au signal de sa main,

A l'onde limoneuse ouvre un large chemin ;

Tout-à-coup débordé sur la brûlante arène,

Le fleuve impatient envahit son domaine.

De la terre altérée il pénètre le sein,

Pousse un vaste océan dans l'immense bassin,

Et, du vieil aqueduc franchissant les arcades,

Des monumens lointains baigne les colonnades ;

On dirait que le Nil va porter son limon

Du tombeau de Chéops jusqu'aux sables d'Ammon...

A l'instant, une barque au drapeau tricolore
Fend l'océan nouveau que l'homme a fait éclore ;
Et le sage Oüaly, les bras levés aux cieux [3],
Sillonne le premier ces flots victorieux.
Tout un peuple, porté sur de longues nacelles,
Salue avec respect les ondes paternelles ;
Tous, fiers de parcourir ces fertiles chemins,
Lavent des saintes eaux leur visage et leurs mains ;
Les femmes, dans l'espoir de devenir fécondes,
De leurs pieux tributs enrichissent les ondes ;
Et les tissus de lin, les tresses de cheveux,
Sur l'écume du Nil volent avec leurs vœux.
Mais l'ombre, qui du jour éteint le crépuscule,
A noirci du désert le dernier monticule ;
Le Caire va dormir sous ses voiles obscurs ;
La foule a repeuplé l'enceinte de ses murs,
Et, livrant son destin aux soldats de la France,
D'une éternelle paix entretient l'espérance.

LE CAIRE.

Hélas! cette nuit même, aux heures du sommeil,

Les généraux français réunis en conseil,

Au bruit d'une nouvelle en secret annoncée,

D'un plan mystérieux ont conçu la pensée.

On a dit que Mourad, chaque jour raffermi,

A caché son désastre au sein d'un peuple ami,

Et que, pour réparer sa défaite éclatante,

Ralliant les tribus qui vivent sous la tente,

Il vient reconquérir, aidé de ces soutiens,

Son palais de Boulak où campent des chrétiens [4];

On a dit que Nelson va prêter son armée

Au féroce Pacha qui règne en Idumée;

Que du sultan Sélim les farouches spahis

Sont entrés dans Alep et dans Ptolémaïs;

Et que la triple armée avance à pas rapides

Pour venger en un jour l'affront des Pyramides.

Le temps presse, et demain le vigilant tambour

Réveillera l'armée aux premiers feux du jour :

Les uns s'avanceront vers cet isthme sauvage
Qui voit luire deux mers sur son double rivage ;
Desaix, sur Mourad-Bey dirigeant son essor,
Remontera le Nil jusqu'aux champs de Luxor ;
D'autres, loin de Memphis, leur nouvelle patrie,
Vont porter leurs drapeaux à travers la Syrie :
Bonaparte pour eux, dans le désert mouvant,
Rouvrira des chemins effacés par le vent.
Aux Bédouins étonnés, sous leurs tentes nomades,
Bientôt apparaîtront ces nouvelles croisades ;
Et le pêcheur, debout sur les rochers de Tyr,
Entendra vers Joppé le canon retentir.

CHANT CINQUIÈME.

LE DÉSERT.

ARGUMENT.

Départ de l'armée de Syrie.— Le grand désert.— La soif.— La citerne.— Le mirage.— Abattement des soldats.— Paroles de Bonaparte. — Le Simoun.— Arrivée en Syrie.— Desaix dans la Haute-Égypte.— Monumens conquis. — Le zodiaque de Denderah-Tentyris.

CHANT CINQUIÈME.

LE DÉSERT.

L'ÉLITE de l'armée en cinq corps se partage :
Tous ont brigué l'honneur d'un périlleux voyage ;
Mais le chef a choisi, pour les plus grands travaux,
Ces vétérans de fer, ces hommes sans rivaux,
Qui, joyeux et légers sous le poids de l'armure,
Souffrent avec courage et tombent sans murmure.

CHANT CINQUIÈME.

A leur tête ont paru Lannes, Bon et Reynier;
Kléber, d'Alexandrie arrivé le dernier,
Oubliant par devoir sa blessure récente,
Ferme des fantassins la colonne puissante :
Puis s'avancent au pas Murat et ses dragons,
Les bruyans artilleurs, aux sonores fourgons;
Et des vivres du camp sobres dépositaires,
Sur un sable connu marchent les dromadaires.
Quelque temps nos soldats adressent leurs regrets
Aux coupoles du Caire, aux lointains minarets;
Mais bientôt à leurs yeux, dans l'horizon immense,
La ville disparaît, et le désert commence.

Solitude infertile où l'homme est seul debout!
Cercle démesuré dont le centre est partout!
Là, point de frais vallons où l'onde des collines
D'un portique détruit caresse les ruines;

LE DÉSERT.

Point de ces verts abris où, sous un ciel d'airain,
Au murmure des eaux s'endort le pélerin :
Du néant taciturne effroyable domaine!
L'œil distingue parfois, isolé dans la plaine,
Un palmier dont le sable étreint les derniers nœuds;
Des buissons de nopals, aux rameaux épineux,
Et les blocs qui, debout sur ces blanches savanes,
Immobiles signaux, guident les caravanes.
Souvent on voit passer sur l'horizon uni
Une autruche pesante, au long cou dégarni,
Qui, mêlée aux troupeaux des agiles gazelles,
S'éloigne en fatiguant ses impuissantes ailes :
On croirait voir, de loin, sur le sol découvert,
Un Arabe à cheval qui fuit dans le désert;
Et les soldats, rêveurs dans ces lieux solitaires,
Oubliaient la gaîté des marches militaires...
Qu'est devenu ce temps où, sur de frais sillons,
De l'Adige au Tésin, leurs joyeux bataillons,

Mêlant l'hymne de guerre aux airs de la folie,
Traversaient en chantant la riante Italie,
Beau jardin, tout paré d'éclatantes couleurs,
Où les champs de bataille étaient des champs de fleurs?
Ainsi pense la foule; et pourtant, résignée,
Elle suit du désert la route désignée;
Et les jeunes soldats cherchent aux premiers rangs
Leur jeune chef, à pied, parmi les vétérans.
Il marche le premier : son plumet tricolore
Brille aux yeux des soldats comme ce météore
Qui, dans ces vieux déserts, sous un ciel ténébreux,
Vers les vallons promis entraînait les Hébreux.
Ainsi les bataillons, sur une plaine nue,
Poursuivent lentement leur marche continue;
Et déja les soldats, sous un ciel ennemi,
Dans leur lit sablonneux douze fois ont dormi.
Mais bientôt la Disette, effroyable fantôme,
Fléau des pèlerins qui troublent son royaume,

Arrive en étalant, à leurs yeux consternés,

Et sa langue livide et ses bras décharnés.

Le soldat cherche en vain des ondes salutaires :

La fièvre de la soif embrase ses artères,

Et le souffle rapide exhalé de ses flancs

Aspire chaque fois le sable aux grains brûlans :

Sur le flanc des chameaux les outres entassées

Par l'importune soif vainement sont pressées ;

Et les coursiers, cherchant l'humidité des eaux,

Dans l'arène embrasée enfoncent leurs naseaux.

Quelquefois, cependant, l'instinct du dromadaire

Hume, en pressant le pas le puits, qui désaltère,

Saumâtre réservoir au voyageur offert

Comme une coupe étroite oubliée au désert :

Pareils à ces troupeaux qui, des plaines brûlées,

Accourent en bramant aux sources des vallées,

Les légers cavaliers, mêlés aux fantassins,

Précipitent leurs pas vers ces tièdes bassins,

CHANT CINQUIÈME.

S'y plongent tout vêtus, et d'une onde abondante
Éteignent le brasier de leur poitrine ardente.
Hélas ! leurs compagnons, qui, par de lents efforts,
Mourans, se sont traînés vers ces humides bords,
Sollicitent en vain, pour leur bouche flétrie,
Une dernière goutte à la source tarie;
Et, tandis que leurs doigts, pressant le noir limon,
D'un reste de fraîcheur raniment leur poumon,
D'autres, plus effrénés, dans un accès de rage,
Égorgent les chameaux, compagnons du voyage,
Et leurs avides mains, qu'instruit le désespoir,
Des intestins sanglans fouillent le réservoir...

Soudain des cris de joie, éclatant dans la nue,
Raniment dans les cœurs l'espérance perdue :
Voilà que le désert, aux voyageurs surpris,
Déroule à l'orient de fortunés abris;

LE DÉSERT.

Une immense oasis, dans des vapeurs lointaines,
Avec ses frais vallons, ses humides fontaines,
Son lac étincelant, ses berceaux de jasmin,
Surgit à l'horizon du sablonneux chemin...
Salut, belle oasis! île de fleurs semée,
Vase toujours chargé des parfums d'Idumée!
Cette nuit, Bonaparte et ses soldats errans
Fouleront les sentiers de tes bois odorans;
Et, sur les bords fleuris de tes fraîches cascades,
Sous la nef des palmiers aux mouvantes arcades,
Dans le joyeux bivac qui doit les réunir,
Des tourmens du désert perdront le souvenir.
Doux rêves de bonheur! L'oasis diaphane,
Fantôme aérien, trompe la caravane:
Les crédules soldats, qu'un prestige séduit,
Vers le but, qui s'éloigne, errent jusqu'à la nuit.
Alors, comme un jardin qu'une fée inconnue
De sa baguette d'or dissipe dans la nue,

CHANT CINQUIÈME.

L'île miraculeuse aux ombrages trompeurs
Se détache du sol en subtiles vapeurs,
Disperse, en variant leurs formes fantastiques,
Ses contours onduleux, ses verdoyans portiques,
Et des yeux fascinés trompant le fol espoir,
Mêle ses vains débris aux nuages du soir [1].

Ils sont tous retombés sur leur lit d'agonie ;
Tous reprochent au ciel sa poignante ironie,
Et muets de stupeur, d'un œil désenchanté,
Contemplent du désert la pâle nudité.
Quelle nuit ! Du milieu de ces plaines fatales,
De lugubres échos sortent par intervalles ;
C'étaient les derniers sons, les soupirs déchirans,
Qu'à leurs tristes amis adressaient les mourans,
Lamentables adieux qu'une bouche flétrie
Mêlait avec effort au nom de la patrie.

LE DÉSERT.

Mais le chef de l'armée, escorté de flambeaux,
Secourable génie au milieu des tombeaux,
Sur ces couches de deuil que la fièvre désole,
Allait semant partout sa magique parole :
« Soldats, c'est un combat que nous livrons ici ;
« Le désert a lassé notre corps endurci,
« Nous vaincrons le désert ; une telle victoire,
« Vétérans de Lodi, manquait à votre histoire ;
« L'excès du mal annonce un avenir plus doux ;
« Vos tourmens sont les miens, et j'ai soif comme vous. »
Et ces mots consolans, où son ame est empreinte,
Rallumaient dans les cœurs une espérance éteinte.
Le soldat, sur le sol languissamment couché,
A ce lâche trépas s'est lui-même arraché ;
Il s'apprête à la marche, et sa vue attentive
Épie à l'orient une aurore tardive ;
Elle luit, mais ses feux, sur la plaine tombés,
Dorent à l'horizon des nuages plombés ;

CHANT CINQUIÈME.

L'air est calme, et pourtant, comme par un prodige,

L'épine des nopals frissonne sur leur tige :

Privé de ses rayons, le soleil élargi

Semble un disque de fer dans la forge rougi,

Et, lugubres signaux d'une crise prochaine,

Des bruits mystérieux résonnent dans la plaine.

Soudain le chamelier, enfant de ce désert,

A montré le midi de tourbillons couvert ;

« Voyez-vous, a-t-il dit, cette arène mouvante !

« Le Simoun ! le Simoun !.....» Ce long cri d'épouvante

Glace les bataillons dans la plaine arrêtés,

Et l'Arabe s'enfuit à pas précipités ;

Il n'est plus temps ; déja le vent de flamme arrive ;

Il pousse en mugissant son haleine massive,

Étend sur les soldats son immense rideau,

Et creuse sous leurs pieds un mobile tombeau ;

La trombe gigantesque, en traversant l'espace,

Du sol inhabité laboure la surface,

LE DÉSERT.

Et son aile puissante au vol inattendu
Proméne dans le ciel le désert suspendu:
Ainsi planait la mort dans la nue enflammée,
Ainsi le vent de feu grondait sur une armée,
Quand les Perses vainqueurs, de dépouilles couverts,
Du saint temple d'Ammon profanaient les déserts;
Sacriléges fureurs! Sous la dune brûlante,
Le Kamsim étouffa cette armée insolente,
Et, vingt siécles après, les peuples musulmans,
Des soldats de Cambyse ont vu les ossemens [2].

Mais de Napoléon l'étoile lumineuse
Suivait dans le désert la France aventureuse;
En vain le vent de flamme, élancé vers le nord,
Sur l'armée a vomi ses élémens de mort;
Expirante de soif, par l'ouragan brisée,
Enfin elle s'arrache à la zone embrasée;

Elle marche, et déja, sous un ciel plus serein,
L'horizon se dévoile au soldat pélerin.
Sous le repli lointain de la plaine blanchâtre,
Une riche contrée, immense amphithéâtre,
Déroule à l'orient ses ombrages confus,
Ses bois d'acacias, ses hauts palmiers touffus,
Et la brise du soir, de parfums enivrée,
Annonce aux voyageurs la mer de Césarée ;
Leurs yeux de la Syrie embrassent le contour ;
Aspect délicieux! on eût dit qu'en ce jour,
Un peuple hospitalier, habitant de ces rives,
Sous de verts pavillons attendait des convives ;
Et pourtant, sur ces bords fixant des yeux rêveurs,
Ils n'osent saluer ces bocages sauveurs ;
Ils redoutent encor qu'un perfide mirage
Ne livre au vent du soir ce fortuné rivage.
Mais bientôt les soldats arrivés les premiers
De leurs bras amoureux étreignent les palmiers ;

Ils baisent mille fois la terre nourricière,

Et, du brûlant Simoun secouant la poussière,

Plantent un étendard sur les blocs de granit

Qui marquent la frontière où le désert finit [3].

Voilà par quels travaux, sous la zone d'Afrique,

Les hommes d'autrefois servaient la République !

Le temps effacera, dans son rapide vol,

La trace de leurs pieds imprimés sur le sol ;

Et peut-être qu'un jour, frappés de tant de gloire,

Nos incrédules fils accuseraient l'histoire ;

Mais les marbres du Nil, conquis par ces exploits,

Authentiques témoins, élèveraient la voix ;

Desaix, en ce moment, loin du ciel d'Idumée [4],

Recommande au burin les fastes de l'armée,

Et de la même main qui bat les Musulmans,

Dans ses trèves d'un jour, cueille des monumens.

CHANT CINQUIÈME.

Quels merveilleux travaux signalent son voyage !
Déja du Nil soumis remontant le rivage,
Il a laissé Mœris, immense réservoir,
Où bouillonnait le fleuve étonné de s'y voir,
Où son onde baignait les murs du labyrinthe ;
Il a vu la colonne aux feuilles de Corinthe,
Qui montre avec orgueil son fût aérien,
Sur le sol où passa la ville d'Adrien ;
Il foule ces déserts, tombeaux des villes mortes,
Abydus, Selimon, Luxor, Thébé aux cent portes ;
Le vieux temple d'Hermès, dont le long corridor
Brille d'un vif azur semé d'étoiles d'or ;
Tentyris, qui gardait sous sa voûte profonde
Le zodiaque noir, contemporain du monde ;
En vain dans ses caveaux les prêtres l'ont caché ;
Comme un tableau mouvant Desaix l'a détaché,
Et l'œuvre constellé d'un magique astronome
Est promis par l'Égypte à la nouvelle Rome.

LE DESERT.

Louvre, palais du monde, éternel Panthéon,

Meublé par la Victoire et par Napoléon !

Un jour sur le pavé de tes pompeuses salles,

Les sphinx allongeront leurs griffes colossales ;

Le zodiaque noir, gigantesque débris,

De son disque étoilé chargera tes lambris ;

Nos fils sauront alors quelle puissante fée

Aux murs de Tentyris a ravi ce trophée,

Bulletin de granit où leurs braves aïeux

Ont mêlé leur histoire à l'histoire des cieux [5] !!!

CHANT SIXIÈME.

PTOLÉMAÏS.

ARGUMENT.

Souvenirs des Croisades. — Itinéraire de l'armée. — Arrivée devant Ptolémaïs. — Achmet; son portrait, son caractère. — Travaux de siège; assaut. — Tableau de la ville. — Une nuit d'orage. — Assaut de nuit. — Combat dans la ville. — Témérité de Murat. — Débarquement des Anglais. — Arrivée d'un messager au camp français. — Discours de Bonaparte à Kléber. — Départ de Kléber. — Apparition de l'ange El-Modhi.

CHANT SIXIÈME.

PTOLÉMAÏS.

Depuis que sans retour la secte de Médine
Aux princes d'Occident ravit la Palestine,
Et que le dernier Franc, à Solime échappé,
S'embarqua fugitif au môle de Joppé,
Le silence planait sur les collines saintes
Où Rachel exhala ses maternelles plaintes;

CHANT SIXIÈME.

Hébron était muet; jamais un faible écho
N'éveillait le Jourdain dormant sous Jéricho;
Partout le fier Croissant, conquérant d'un autre âge,
De Lusignan éteint dominait l'héritage,
Et l'esclave abruti qui porte le turban
Passait, insoucieux, dans les bois du Liban.

Voici que tout-à-coup le long cri d'une armée
Du Thabor à Gaza réveille l'Idumée;
Le cophte du Carmel, saisi d'un saint effroi,
Reconnaît à leurs pas les fils de Godefroi,
Qui vont reconquérir, dans Sion usurpée,
Ses vieux éperons d'or et sa vaillante épée,
Comme au siècle héroïque où tremblait le Jourdain
Sous les pas de Tancrède et de Salah-Eddin [2].
Mais les temps ne sont plus où l'Europe ébranlée
Disputait aux soudans le divin mausolée.

PTOLÉMAIS.

Moins pieuse aujourd'hui, de ses croisés nouveaux
L'austère République attend d'autres travaux.
Déja, de leurs aïeux retrouvant les vestiges,
Les Français ont foulé la terre des prodiges;
Ils ont vu les cités dont le nom éternel
Résonne à chaque page au livre d'Israël;
La déserte Gaza, la sainte Arimathie,
Joppé cent fois détruite et toujours rebâtie;
Joppé, môle célébre où les peuples d'Ophir
Portaient à Salomon la pourpre et le saphir;
Où les princes chrétiens, sur une mer docile,
Attendaient les convois des croisés de Sicile;
C'est en vain qu'aujourd'hui, dans ses murs menacés,
Les Mamelucks du Nil, de l'Égypte chassés,
Aux milices d'Achmet mêlant leur frénésie,
Ferment à nos soldats les portes de l'Asie;
Bonaparte, élancé sur ses créneaux fumans,
Éteint dans un assaut les canons ottomans,

Et dans Ptolémaïs, qui tremble au sein des ondes,
S'abritent des vaincus les hordes vagabondes.

L'armée a poursuivi son vol précipité :
Elle quitte Miski, rivage inhabité;
Et la tour de Zéta, dont la hauteur massive
Domine des coteaux que parfume l'olive.
On signale Naplouse et son riche vallon,
Les rives du Bélus, les figuiers d'Esdrelon,
La chaîne du Carmel, dont la cime adorée
Sert de phare au chrétien voguant vers Césarée;
Et l'imposante mer qui, sous un soleil pur,
Prête à ces grands tableaux sa bordure d'azur[3].

La mer en ce moment, comme une immense glace,
Déroulait au couchant sa déserte surface;

Seulement du rivage où la vague s'endort,

Comme un double signal d'incendie et de mort,

On distinguait au loin *le Tigre* et *le Thésée*,

Qui berçaient lentement leur poupe pavoisée,

Et leurs flancs arrondis où, pour ses noirs complots,

L'Angleterre a caché des soldats matelots.

Ainsi dans le courant d'un fleuve semé d'îles,

Blottis sous des roseaux, deux larges crocodiles,

L'œil fixé sur le bord à l'heure où le jour fuit,

Attendent les troupeaux que la soif y conduit.

Enfin à l'horizon, sur son blanc promontoire,

Paraît Ptolémaïs, puissante dans l'histoire;

Formidable cité dont le vaste contour

A chaque angle saillant fait surgir une tour;

Ses murs, dont les canons bordent la haute cime,

Ont pour base le roc, et pour fossé l'abîme:

CHANT SIXIÈME.

Ainsi par l'Océan protégée à demi,
Elle n'offre qu'un point aux feux de l'ennemi.

C'est là que règne Achmet, tyran sexagénaire[4];
L'âge n'a pas dompté son humeur sanguinaire :
Son regard menaçant, où scintille le feu,
Luit sous ses blancs sourcils que presse un turban bleu;
Sa barbe, qui sans art en pointe se dessine,
Comme un réseau de nacre ombrage sa poitrine;
Deux pistolets massifs aux solides pommeaux,
Le poignard que Damas a trempé dans ses eaux,
La dague dont la pointe infecte une blessure,
D'un mobile arsenal hérissent sa ceinture;
Un sabre suspendu par un cordon grossier
Résonne à chaque pas dans le fourreau d'acier,
Et sur son large dos s'allonge en bandoulière
La lourde carabine à sa main familière.

PTOLÉMAIS.

Entre tous les pachas Sélim sut le choisir.
Féroce par instinct et bourreau par plaisir,
Souvent dans la cité, sous une nuit profonde,
Le juge exécuteur fait sa funeste ronde,
Et, quand brille le jour, un sang noir et glacé
Révèle les chemins où le maître a passé.
Des princes d'Orient le luxe héréditaire
Jamais n'étincela dans sa cour solitaire;
Même dans le harem du farouche visir
Un parfum de cadavre irrite le plaisir.
Sanglantes voluptés! malheur à la captive
Que choisit pour la nuit sa cruauté lascive!
Dans sa main, que dirige un féroce transport,
Le mouchoir du plaisir est un linceul de mort.
Pourtant, à tous les yeux le pacha de Syrie
Étale d'un Iman la sainte rêverie;
Tandis qu'un cri plaintif, aux mourans arraché,
Perce de ses caveaux le soupirail caché,

Lui, sur un jonc grossier croisant ses jambes nues,

Récite du Coran les sentences connues,

Ou de ses doigts distraits il égrène, en priant,

Le rosaire sans fin des peuples d'Orient.

Cependant Dufalga, sous la ville assiégée,

Décrit autour du camp sa ligne prolongée;

Abrités par l'osier arrondi de leurs mains,

Les muets artilleurs creusent d'étroits chemins;

D'autres, en serpentant sous ces obliques routes,

Élèvent le gazon qui masque les redoutes,

Et ce long mur de terre, exhaussé dans la nuit,

De la tour menacée embrasse le circuit;

Le jour vient; des canons les rapides volées

Ébranlent les remparts aux cimes crénelées;

Sous l'effort du boulet qui tourmente leurs flancs,

De gigantesques blocs, assis depuis mille ans,

Tombent broyés en poudre, et la brèche entamée
A ses degrés mouvans semble inviter l'armée.

Mais déja sur les tours, sur les murs envahis,
Achmet a répandu d'innombrables spahis;
L'indomptable vieillard, quittant sa cour déserte,
Paraît sur les débris où la brèche est ouverte;
C'est le point de l'assaut : sur les brûlants sentiers,
Bonaparte a lancé ses hardis grenadiers;
Dans leurs rangs, que dévore une mitraille oblique,
On entend ce long cri : *Vive la République!*
On entend le tambour aux sons vifs et pressés,
Et le sol qui frémit sous les pas cadencés.
Les Mamelucks du Nil, les soldats de Syrie,
Au sang-froid des chrétiens opposant leur furie,
Sur les débris du mur, vainqueurs ou terrassés,
Provoquent l'ennemi de leurs cris insensés;

Dans leurs agiles mains, comme un cercle de flamme,
On voit étinceler la hache à double lame,
Les dagues, les candjards, les damas recourbés,
Et la pesante masse aux quatre angles plombés.
Sur les bords du glacis que le boulet sillonne,
Les généraux français devancent leur colonne;
On entrevoit encor, dans le gouffre de feu,
Leur panache éclatant, leur uniforme bleu.
D'un siége désastreux effroyable prélude!
L'ennemi les devine à leur noble attitude;
Et devant leurs soldats d'épouvante glacés,
Ces héroïques chefs roulent dans les fossés.
Bon, frappé le premier, devant la brèche tombe;
Rambaud dans les fossés trouve sa digne tombe;
Bientôt auprès de lui, Fouler, Croisier, Venaux,
Rougissent de leur sang les débris des créneaux;
Le calme Dufalga, qui, loin de la mêlée,
Traçait d'un mur nouveau l'enceinte reculée,

Expire aux yeux du chef, en montrant de la main
La place où doit s'ouvrir l'assaut du lendemain [5]...

Héroïques guerriers ! sur la rive étrangère
Qu'à vos froids ossemens la terre soit légère !
Demain l'armée en deuil suivra votre convoi,
Sous les vieux oliviers plantés par Godefroi.
Dormez d'un doux sommeil ! Tandis que l'Idumée
Gardera, sans témoins, votre cendre inhumée,
Vos noms des cœurs français ne seront point bannis ;
Ils vivront dans nos vers, par les ans rajeunis,
Tant que le Panthéon, moderne Capitole,
Protégera Paris de sa blanche coupole,
Tant qu'au sein de ses murs, un aigle souverain
Pressera sous ses pieds la colonne d'airain.

Mais du héros français la sagesse assidue,
De ce combat terrible embrassait l'étendue ;

Au désolant aspect de nos sanglans revers,
Il livre sa pensée à des regrets amers ;
Tout-à-coup, sous les murs, un roulement sonore
Rappelle les soldats que le combat dévore,
Et ces fiers bataillons, mornes, silencieux,
La rage dans le sein, s'éloignent de ces lieux.

La tristesse est au camp ; mais de longs cris de fête
Font tressaillir d'orgueil la ville du Prophète ;
La noire populace, à flots impétueux,
Parcourt de la cité les quartiers tortueux ;
Pareils à des jakals, dont les dents affamées
Fouillent les grands cercueils où tombent les armées,
De hideux Africains, sous les sombres remparts,
Mutilent des chrétiens les cadavres épars,
Et par leurs longs cheveux des têtes suspendues,
Sur la place publique au Pacha sont vendues.

PTOLÉMAIS.

Demain, à l'heure fraîche où la brise des mers
Glisse avec ses parfums dans les vallons déserts,
Quand, sur l'azur du ciel, l'aube à peine étoilée
Dessine en blancs festons les monts de Galilée,
Les soldats, de leur tente arrachés demi-nus,
Verront sur les créneaux des visages connus;
Pour un horrible emploi ces têtes sont placées :
Dans le prochain assaut vers ses tours menacées,
L'ennemi des chrétiens, de ses canons fumans,
Rejettera contre eux ces boulets d'ossemens.

Pendant que les soldats, rassemblés sous la tente,
Accusaient de ce jour la fortune inconstante,
Que d'autres, terrassés par un sommeil puissant,
Oubliaient les horreurs du carnage récent,
Bonaparte et ses chefs qu'éveille la pensée,
Vers la ville assoupie en sa joie insensée,

Disposent avec art un assaut clandestin,
Que ne doit point trahir la lueur du matin.
Le moment est propice : une nuit plus confuse
Semble favoriser le courage et la ruse ;
Des nuages massifs, sortis des sombres eaux,
Étendent dans le ciel leurs immenses arceaux ;
Aux limites du camp la vedette perdue
Interroge du sol la muette étendue ;
Partout d'un rideau noir l'horizon est voilé :
Seulement vers le sud, comme un astre isolé,
Sur le cap orageux que la mer avoisine,
On voit étinceler la torche de résine,
Phare consolateur qu'aux lampes de l'autel
Allume dans la nuit le moine du Carmel.
Sous le morne chaos des ombres sépulcrales,
Des antres du Thabor, élancé par rafales,
Le vent fait retentir ses discordantes voix :
Tel qu'un vaste troupeau qui beugle au fond des bois,

PTOLÉMAIS.

Il gronde sur la mer, et le flot qu'il excite,

Comme un rauque bélier sape la tour maudite ;

A ce murmure sourd, mêle son cri de deuil

Le lamentable loumb, triste oiseau de l'écueil[6].

Alors la voix du chef, que le geste répète,

Agite dans le camp une foule muette ;

Les soldats, sur leur couche éveillés en sursaut,

S'alignent par instinct pour le nocturne assaut ;

Au bruit qui se répand, leur courage bouillonne :

On a dit que, guidant la première colonne,

Cette nuit Bonaparte, escorté de Kléber,

Va surprendre la tour du côté de la mer ;

Déja les bataillons, dans l'ombre du mystère,

Abandonnent du camp l'enceinte solitaire ;

Ils longent l'aqueduc que Djezzar a construit,

Et, par d'obscurs chemins où leur chef les conduit,

Jusqu'aux bords de la mer se glissant en silence,
Des fossés aux remparts franchissent la distance.
Soudain un large éclair qui jaillit de la tour,
Sur le sombre glacis tombe comme le jour;
Les lourds canons, qu'effleure une ardente fusée,
Rougissent des créneaux l'embrasure évasée,
Et ce feu, qui s'échappe en lumineux sillons,
Trahit au pied du mur nos muets bataillons;
A l'horrible lueur dans les airs répandue,
Des hardis assiégeans la marche est suspendue.
Déja les derniers rangs fuyaient vers le glacis;
Mais d'une voix qui parle au courage indécis,
Seul, debout sur un bloc que le canon domine,
Qu'effleure le boulet, que l'éclair illumine,
Bonaparte retient leurs pas précipités :
« Compagnons, voyez-vous ces brillantes clartés?
« L'ennemi, secondé par l'ouragan qui gronde,
« Veut ravir vos exploits à cette nuit profonde :

« Rendez grace au canon, qui rallume le jour;
« Marchez : le sort du monde est là, dans cette tour⁷ ! »

Quand l'Etna, secouant son casque de fumée,

Menace de ses blocs la Sicile alarmée,

Tourmenté dans son lit, le flot palermitain,

Se replie en fuyant jusqu'à l'écueil lointain;

La plage montre à nu sa grève solitaire :

Tout-à-coup, rappelée au centre du cratère,

La vaste mer, qu'annonce un mugissement sourd,

Bouleverse en passant le fond qu'elle parcourt,

Et, loin des bords prescrits, la vague diligente

Se montre, inattendue, aux peuples d'Agrigente.

Ainsi vers le fossé les soldats, chancelans,

Remontent sur la brèche à flots étincelans.

A leur tête est Murat : sous la tente tranquille,
Il languissait au camp, dans le repos d'Achille ;
Mais, cédant au démon qui dévore son sein,
Le brillant cavalier s'est créé fantassin.
Junot vole après lui ; Verdier, Duroc, La Salle,
Kléber, comme une tour sur la tour colossale,
Refoulent devant eux les Turcs amoncelés.
Parmi vingt autres chefs que la nuit a voilés,
Lannes d'un bras puissant plante sur la muraille
Un reste de drapeau criblé par la mitraille,
Et, perçant dans ses bonds un rempart de spahis,
Le premier de l'armée entre à Ptolémaïs.
Partout de nos soldats les masses accourues,
De l'étroite cité percent les sombres rues ;
Mais bientôt l'ennemi, repoussé de la tour,
Dans ses murs envahis les assiége à son tour.
Les Turcs, les Mamelucks, la noire populace,
Des quartiers de la ville ont encombré l'espace ;

D'autres, du haut des toits, en créneaux transformés,
Font pleuvoir sur le sol des débris enflammés :
Les femmes, les enfans, que l'exemple aiguillonne,
Versent l'huile fumeuse et la poix qui bouillonne.
Dans les rangs ténébreux les chefs sont confondus :
Comme un tigre qui court par bonds inattendus,
L'infatigable Achmet, au sein de la mêlée,
Brandit sur les chrétiens sa masse ciselée :
Tu tombas le premier sous sa terrible main,
Lannes, qui de la ville as conquis le chemin !...
Déja les Musulmans, qu'exalte leur défaite,
Ont levé le damas sur cette noble tête,
Quand, rapide vengeur, vers son ami blessé,
Suivi de ses dragons, Murat s'est élancé :
Son bras se multiplie, et son damas, qui vole,
Trace autour de sa tête une ardente auréole.
Une terreur subite a glacé les croyans :
A ces flottans cheveux, à ces yeux flamboyans,

CHANT SIXIÈME.

A ce dolman d'azur que la tempête agite,
Dans les murs désolés de leur ville maudite,
Ils ont cru qu'animé d'un céleste transport,
Tombe, un glaive à la main, l'archange de la mort.
Tout fuit devant Murat; sa formidable épée,
Sur une foule obscure à regret occupée,
Frappe du même coup Ismaël et Pharan;
Il renverse Hassem, contempteur du Coran;
Hassem, qui, possesseur des vignes d'Idumée,
Vidait dans les festins sa coupe parfumée :
Sur le pavé sanglant il précipite encor
Dragut, Orcan, Sédir; chers au peuple de Tor;
Puis, comme fatigué d'un combat monotone,
Il saisit un coursier que le hasard lui donne,
Et s'élance au galop dans la vaste cité.
Bientôt des carrefours fuyant l'obscurité,
Sur le môle désert le cavalier s'arrête :
Il détache un canot que berce la tempête,

PTOLÉMAIS. 155

S'y jette tout armé, rompt la chaîne du port,
Double la tour maudite, et, voguant vers le nord,
Il descend en vainqueur sur la longue esplanade
Où l'aqueduc d'Achmet s'élève en double arcade.

Tandis que le héros, d'un vol aventureux,
Parcourait de ces murs les sentiers ténébreux,
Et que nos bataillons, arrêtés dans la ville,
Prodiguaient en mourant un courage inutile,
Les vaisseaux d'Angleterre, apparus sur les eaux,
De leur ceinture en feu démasquent les créneaux;
Jusque sur le glacis leurs tonnantes volées
Atteignent des chrétiens les masses reculées,
Et l'aspect imprévu d'un allié puissant
Ressuscite l'effort des soldats du Croissant.
Aux lueurs de ces feux, *le Tigre* et *le Thésée*
Ont lancé leurs canots sur la mer apaisée;

Les fils de l'Océan ont débarqué sans bruit.

Pour ajouter encore à l'horreur de la nuit,
Arrive un messager sur son haut dromadaire ;
Auprès du général conduit avec mystère,
D'une voix étouffée et d'un geste expressif,
Il parle sans témoins au héros attentif ;
Quelque temps Bonaparte en silence médite :
Tout-à-coup, de la main montrant la tour maudite,
Il ordonne à Berthier, ami fidèle et sûr,
De rappeler Kléber qui combat sous le mur ;
Il arrive sanglant, la tête échevelée,
Tournant à chaque pas ses yeux vers la mêlée :
« Kléber, le sort cruel nous garde d'autres coups ;
« Les plus pressans dangers ne sont pas devant nous ;
« Des prodiges nouveaux attendent ton épée :
« Une armée innombrable au Thabor est campée,

PTOLÉMAIS.

« Et si ton bras sauveur ne l'arrête en chemin,
« Sur nos soldats lassés elle tombe demain;
« Hâte-toi, n'attends pas que cette nuit funeste,
« De ces vieux bataillons ait dévoré le reste;
« Prends deux mille soldats, ceux qui sous leurs drapeaux
« Goûtent loin de la brèche une heure de repos;
« Pour vaincre ou pour mourir tu les verras dociles :
« Les vallons du Thabor seront nos Thermopyles;
« Là nous verrons tomber mes enfans et les tiens,
« Ou nous en sortirons grands comme les anciens. »

A ces mots, l'étreignant de ses mains enlacées,
Il semble le remplir de ses grandes pensées!
Et les doubles éclairs du rempart et des cieux
Révélaient aux soldats ces sublimes adieux.

Kléber part, la colonne, à sa voix attentive,
Remonte du Bélus la solitaire rive.

L'armée au même instant, que la voix du tambour

Arrache de l'assaut prolongé sous la tour,

S'arrête tout-à-coup, d'épouvante saisie;

Elle a vu s'élancer vers la route d'Asie,

Comme un spectre sorti de la ville des morts,

Le farouche El-Modhi sur un cheval sans mors;

Un cri d'horreur le suit; Murat, que rien n'étonne,

Seul, se précipitant vers le rempart qui tonne,

Ouvre ses bras nerveux pour le saisir vivant;

Mais l'horrible étranger a fui comme le vent.

De joie, à son aspect, Ptolémaïs s'agite;

Il franchit les deux murs, monte à la tour maudite,

Et, prophète inspiré d'un lendemain fatal,

Paraît comme un typhon sur son noir piédestal.

CHANT SEPTIÈME.

LA PESTE.

ARGUMENT.

Bataille du mont Thabor. — Kléber délivré par Bonaparte. — Déroute complète des Musulmans. — Retour de l'armée à Ptolémaïs. — Premiers symptômes de la peste. — Sortie de trois mille pestiférés conduits par El-Modhi. — La peste se propage dans l'armée. — L'hospice dans une mosquée. — Détails et scènes de la peste. — Dévouement de Desgenettes. — Bonaparte paraît dans la mosquée; il touche les pestiférés; discours qu'il leur adresse.

CHANT SEPTIÈME.

LA PESTE.

Voyez-vous au midi ces grèves désolées,
Où le lac de Tibère étend ses eaux salées?
Voyez-vous le Carmel, dont le dernier vallon
Porte un fleuve sans gloire aux plaines d'Esdrelon?
Nazareth et Cana, tout empreints du Messie,
La cime de l'Hermon, par les cèdres noircie,
Lieux saints, d'où le chrétien croit distinguer encor
L'auréole céleste au sommet du Thabor?

CHANT SEPTIÈME.

Sur ces monts, sur le flanc des collines boisées,

Sur ces rives sans fleurs par le Jourdain creusées,

Cent mille Musulmans, l'un à l'autre inconnus,

Des confins de l'Asie au mont Thabor venus,

De leur choc circulaire assiégent dès l'aurore

Ce carré que surmonte un drapeau tricolore;

Kléber est là.... Kléber, sur ce point isolé,

Comme un écueil lointain par l'Océan foulé,

De ces peuples sans nom brisant les vagues noires,

Retarde sa défaite à force de victoires.

Debout parmi les siens, il les domine tous;

Sa tête haute et fière appelle tous les coups;

Rien ne peut ébranler sa stoïque constance;

Désigné pour mourir ou pour sauver la France,

De son devoir sublime il accepte le poids.

Ainsi tu dois briller une seconde fois,

Ainsi, dans un désert en victoires fertile,

Quand cent mille Ottomans combattront tes dix mille,

LA PESTE.

Contrainte d'enfanter un prodige pareil,
Ta gloire éblouira la ville du soleil [1]!...

Autour de ce carré, puissant par sa tactique,
Tourbillonne à grands cris l'armée asiatique ;
Nul n'osait assaillir d'un bond audacieux
Le chrétien colossal que mesurent les yeux ;
Un seul s'était promis cette héroïque tête :
C'est l'Arabe cuivré, séide du Prophète,
Qui, dans Alexandrie impuissant assassin,
D'un poignard émoussé toucha son noble sein ;
Aujourd'hui, l'œil fixé sur sa grande victime,
Il donne à ses projets l'apparence du crime :
Tantôt, se présentant comme un transfuge ami,
Il cherche pour issue un rang mal affermi ;
Tantôt, tirant le fer de sa veste grossière,
Le sombre Souliman, dans des flots de poussière,

Rampe sous le chameau d'un Arabe de Tor :

Tel, d'un regard subtil, un noir alligator,

Épiant une proie au rivage attachée,

Nage, en suivant sous l'onde une route cachée.

Vingt fois, pour consommer ses horribles exploits,

Sur la première ligne il se glisse, et vingt fois

Nos soldats, déjouant une ruse subtile,

De leurs pieds dédaigneux repoussent le reptile.

Héroïques soldats, qui, dans vos murs de fer,

Comme un palladium gardiez votre Kléber !

Bientôt, sous tant de chocs votre force brisée

Va livrer au Barbare une victoire aisée ;

Les trésors des combats s'épuisent : dans les rangs

Étincellent encor quelques feux expirans ;

Debout, près de l'affût, l'artilleur inutile

A fouillé vainement son arsenal mobile,

Et ce faible carré que la foudre soutint,

Semble le noir foyer d'un volcan qui s'éteint.

Cependant le jour fuit : sa lumière inclinée

Allonge du Thabor l'ombre indéterminée ;

L'espoir ne soutient plus le soldat affaibli :

Tout-à-coup, des hauteurs qui couronnent Souli [2],

Résonne le canon dans les vallons sonores ;

Des bataillons semés de drapeaux tricolores,

Le clairon, le tambour, les cris qui frappent l'air,

Annoncent Bonaparte aux soldats de Kléber.

Ces drapeaux, ces clameurs, ces lointaines fanfares,

Le grand nom de Kébir, ont glacé les Barbares ;

Déja leurs escadrons, par la terreur conduits,

De l'Hermon sinueux regagnent les circuits,

Et bientôt, affranchi de son immense chaîne,

Le carré prisonnier s'élance dans la plaine.

Ainsi, quand dans la nuit un immense glaçon

Environne un vaisseau qui vogue vers l'Hudson,

Sur l'immobile pont une foule pensive

Contemple de la mer la surface massive,

CHANT SEPTIÈME.

Et, lasse de tenter un impuissant effort,
Dépose l'espérance et n'attend que la mort ;
Mais qu'un vent désiré, tiédi sous l'autre pôle,
D'un ciel lourd et brumeux déchire la coupole,
Soudain la mer vaincue ouvre ses bras roidis;
Le vaisseau, quelque temps sur ses flancs engourdis
S'agite, et, libre enfin de sa prison qui gronde,
Sillonne en conquéraut les limites du monde.

En vain, pressés de fuir, les Barbares, tremblans,
De leurs légers chevaux ensanglantent les flancs;
En vain, pour échapper au tranchant de l'épée,
Ils s'ouvrent sur les monts une route escarpée :
Partout nos bataillons les suivent dans leur vol ;
Parmi les flots poudreux qui dérobent le sol,
Des dragons de Murat nouveaux auxiliaires,
Arrivent sur les Turcs quatre cents dromadaires [3],

Formidable escadron, dont le pas colossal

Devance, sans effort, le galop d'un cheval.

La mort sur tous les points accompagne la fuite :

Junot vers Nazareth s'élance à leur poursuite,

Reynier garde l'Hermon de l'un à l'autre bout,

Kléber est au Thabor, Napoléon partout.

Comme un noble allié de la France guerrière,

Le Jourdain lui prêta sa puissante barrière;

Vingt mille Musulmans, fils de lointains climats,

Cherchant le pont sauveur qui conduit à Damas,

Suivaient du fleuve saint la déserte vallée;

Refuge désastreux! Du lac de Galilée,

Le sabre de Murat, qu'ils ont vainement fui,

Jusqu'au pont de Jacob, les chasse devant lui [4],

Et dans les flots profonds leurs corps tombés en foule

Opposent une digue à l'onde qui s'écoule;

Vous eussiez dit qu'alors, vers son berceau lointain,

Comme aux jours d'Israël remontait le Jourdain.

Quelques uns cependant, soustraits au fil du glaive,

Regagnèrent les bords où le soleil se lève ;

Ces soldats, par l'Anglais en triomphe attendus,

Effrayans messagers, aux peuples de l'Indus

Annoncèrent la France, et les tyrans de l'onde

Pâlirent un moment dans Surate et Golconde [5].

Ainsi nos bataillons mêlaient au même lieu

Les merveilles de l'homme aux merveilles de Dieu ;

Heureux s'ils pouvaient voir, sous ce dernier trophée,

Ptolémaïs soumise et la guerre étouffée !

Mais le camp affaibli demande leur retour,

Et l'indomptable Achmet a rebâti sa tour.

Ils quittent le Thabor ; leur marche triomphale

S'arrête de nouveau vers la ville fatale ;

Là, d'un siége éternel subissant les ennuis,

Ils consument encore et leurs jours et leurs nuits ;

LA PESTE.

Des deux partis rivaux la foule consternée,

Chaque jour sous les murs expire moissonnée ;

Les cadavres mêlés s'élèvent en monceaux :

Ces remparts, en deux mois, ont vu soixante assauts;

Et le gouffre entr'ouvert devant la tour maudite

Dévore des deux camps la glorieuse élite.

Cependant transpirait, dans l'enceinte des murs,

Un air cadavéreux aux miasmes impurs,

Redoutable fléau qu'une vapeur immonde

Dans la fange du Nil alimente et féconde,

Et que le vent du sud, rapide messager,

Apporte sur son aile à ce peuple étranger.

Déja les Mamelucks sauvés des Pyramides,

Du pacha de Judée alliés homicides,

Dans les vieux carrefours que souille leur abord,

Répandent en passant le levain de la mort ;

Bientôt Ptolémaïs, de cadavres semée,
Semble une ville en deuil du sépulcre exhumée;
Et des lambeaux humains la tiéde exhalaison
Pousse vers les chrétiens l'invisible poison.
D'abord du camp français l'heureuse insouciance,
Du fléau qu'il recéle ignorait la présence;
Comme un sicaire obscur qui frappe dans la nuit,
On eût dit que le mal, sous la tente introduit,
Dérobait avec soin ses funestes symptômes;
Le soldat aspirait d'homicides atomes,
Et, sur des bras amis, vainement soutenu,
Parlait avec effroi d'un tourment inconnu.
Alors, pour éclaircir sa vague inquiétude,
Muette de stupeur, la sombre multitude,
Révélant un soupçon par le geste exprimé,
Portait aux pieds des chefs un corps inanimé.
Hélas! depuis long-temps, habiles à se taire,
Les chefs avaient connu l'effroyable mystère;

Mais au fond de leurs cœurs refoulant le chagrin,
Ils montraient à la foule un visage serein,
Et, d'un prudent mensonge unanimes complices,
De l'horrible secret étouffaient les indices.
Inutile détour ! Le camp épouvanté
Va connaître aujourd'hui la triste vérité.
Aujourd'hui dans la ville un démon fanatique
Seconde du Pacha l'affreuse politique :
Sur ses chaînes de fer, à la chute du jour,
Le large pont-levis s'abaisse, et de la tour
Trois mille Musulmans descendent en silence ;
Monté sur Al-Borak, El-Modhi les devance ;
L'œil sombre et menaçant, l'Ange du désespoir
Vers le convoi muet secoue un drapeau noir ;
L'un à l'autre enlacés de leurs mains dégoûtantes,
Nus, armés de la peste, ils marchent vers les tentes,
Et, du geste invitant les chrétiens consternés,
Leur promettent de loin leurs corps empoisonnés.

Quelquefois, épuisé par le mal qui l'assiége,
Un fantôme ambulant de ce morne cortége
Tombe sous les palmiers qui bordent le chemin ;
L'Ange exterminateur le touche de la main,
D'une voix solennelle il parle ; sa parole
Donne un reste de vie au souffle qui s'envole,
Et le corps du mourant, par la fièvre engourdi,
Tout-à-coup se reléve à la voix d'El-Modhi.
Ainsi, tout parsemés de nuances bleuâtres,
Les cadavres, gisans dans nos amphithéâtres,
Se dressent sur leurs pieds, entr'ouvrant au hasard
Une bouche sans voix et des yeux sans regard,
Quand l'effrayant Volta, magique Prométhée,
Rend aux chairs du sépulcre une ame épouvantée.

Cependant vers l'armée, immobile d'effroi,
S'avançait, à pas lents, le funébre convoi ;

Le farouche El-Modhi précède la colonne ;

Dans l'enceinte du camp sa forte voix résonne :

« Chrétiens, qui résistez au fer des Musulmans,

« El-Modhi vous condamne à leurs embrassemens. »

Puis, s'adressant au chef qu'il désigne du geste :

« Kébir ! en te quittant je te lègue la peste ;

« Si de ton camp maudit, vivant tu peux sortir,

« Tremble de me revoir aux sables d'Aboukir ! »

Il a dit ; et, pareil aux lueurs du phosphore,

Dans la brume du soir le démon s'évapore,

Et l'on distingue encor son éclatante voix,

Et son rire infernal qui s'éteint dans les bois.

Sous les feux prolongés, insensible à la crainte,

La horde d'El-Modhi du camp franchit l'enceinte ;

CHANT SEPTIÈME.

Leurs cadavres hideux, pêlè-mêle entassés,

Encombrent le glacis, inondent les fossés;

Ils présentent leurs bras au fer qui les mutile,

Et, pareils aux tronçons d'un venimeux reptile,

Par l'ardente agonie un moment ranimés,

Ils s'élancent tout nus sur nos soldats armés :

Sur ces corps enlacés par d'horribles étreintes,

D'une bouche fétide ils laissent les empreintes,

Et leur sein, dilaté par un dernier effort,

Dans le sein de leur proie ensemence la mort.

Le vieux Pacha triomphe; et l'armée abattue

Connaît enfin le nom du fléau qui la tue;

Ce n'est plus ce mal sourd, dans l'ombre recélé,

Qui frappait sous la tente un soldat isolé;

A toute heure, aujourd'hui, dans ce camp qu'il décime,

Assassin découvert, il marque une victime;

LA PESTE.

Et ce sol, abhorré même des ennemis,
Semble un impur royaume à la peste soumis.

Non loin du camp s'élève une antique mosquée,
Comme un vaste refuge aux mourans indiquée ;
Le marbre de ses murs, dépouillé d'ornemens,
Conserve encor des mots écrits par les Imâns ;
Des touffes de palmiers ornent son vestibule,
Et du frais Océan la brise qui circule,
Glissant sur les rosiers d'un limpide bassin,
Porte dans la mosquée un air suave et sain.
C'est là que la pitié, loin des tentes bannie,
Dans un lit moins brûlant accueille l'agonie ;
Sous le large portail des murs hospitaliers,
Pêle-mêle introduits, fantassins, cavaliers,
Dans le camp de la mort ont conquis une place ;
La douleur qui se plaint, la fureur qui menace,

CHANT SEPTIÈME.

L'abattement muet, l'effréné désespoir,

Peuplent le double rang du funèbre dortoir;

Hospice désastreux! enceinte dévastée!

Où l'ange de la mort, effroyable Protée,

Couvrant de mille aspects son visage odieux,

Toujours d'un nouveau masque épouvante les yeux.

Auprès du vétéran, qui sans murmure expire,

Son jeune compagnon, dans l'accès du délire,

Se débat sur sa couche, et mêle avec effort

Un rire convulsif au râle de la mort;

Et tandis que les uns, par un geste farouche,

Rejettent le linceul de leur brûlante couche,

D'autres, de leurs manteaux étroitement drapés,

Du suaire guerrier meurent enveloppés.

Sitôt que brille enfin sous la profonde arcade

Cette faible lueur qu'attend l'œil du malade,

LA PESTE.

Quand l'aube, se glissant à travers les barreaux,
Dessine sur les murs les moresques vitraux,
Et que, dans l'édifice où ce jour luit à peine,
Apparaît de la nuit la désastreuse scène;
Des esclaves bédouins, malheureux ennemis,
Comme une vile proie à la peste promis,
De l'un à l'autre lit parcourant l'intervalle,
Passent en promenant la civière fatale;
Ils s'éloignent chargés de cadavres impurs;
Dans la fosse béante, ouverte autour des murs,
Leurs mains vont enfouir ces dépouilles immondes,
Et des chiens affamés les meutes vagabondes,
Convives odieux, par la peste nourris,
Exhument en hurlant ces horribles débris. 6

Mais la mort, poursuivant ses fureurs redoublées,
Aura bientôt rempli ses places dépeuplées;

A l'œil du désespoir l'indomptable fléau
Déroulé chaque jour un plus sombre tableau :
Autour de son chevet, qu'aucune main n'effleure,
L'homme demande en vain un homme qui le pleure;
Quelquefois vous voyez des spectres affaiblis,
L'air morne et solennel, se dresser sur leurs lits,
Et, du geste indiquant les angles de la salle,
Appeler leurs amis d'une voix sépulcrale;
Mais de leur agonie insensible témoin,
L'égoïsme muet veille à son propre soin;
Par l'horreur qui la suit l'infortune exilée
Traîne au sein de la foule une mort isolée;
Vainement le malade invoque le secours
De l'art opérateur qui prolonge nos jours;
Accoudé sans témoins sur la fatale claie,
D'une main courageuse il visite sa plaie,
Et, guidé par l'instinct à défaut de savoir,
Arrache le duvet, humide d'un sang noir.

LA PESTE.

Un homme cependant, dans cette horrible enceinte,

De la terreur publique ose braver l'atteinte :

Desgenette est son nom; sur un marbre pieux 7

La Grèce l'eût inscrit à côté de ses dieux.

Courbé près d'un mourant que la fièvre désole,

Il reproche à la foule une terreur frivole,

Rassure le soldat qui tremble pour ses jours;

Puis, d'une horrible preuve appuyant ses discours,

Au fond d'une tumeur par le mal calcinée,

Il puise sur l'acier la goutte empoisonnée,

Et dans sa propre veine, ouverte de sa main,

Infiltre sans pâlir le liquide venin.

Sublime dévoûment ! Mais, toujours incrédule,

La foule, en l'admirant, d'épouvante recule ;

Le mal contagieux, réfutant la raison,

Du contact homicide atteste le poison.

CHANT SEPTIÈME.

Quand le vaste linceul de la nuit qui s'abaisse,

Sur ce grand sarcophage étend son ombre épaisse,

Tant de soupirs mêlés, tant de cris confondus,

Comme une seule voix sont encore entendus;

Une lampe de fer, suspendue aux ogives,

Dessine en traits blafards des figures pensives;

Tel le croissant des nuits, de ses reflets tremblans

Effleure des tombeaux les simulacres blancs;

Alors si du Carmel, où veille la prière,

Tinte à coups mesurés la cloche hospitalière;

Si la brise, en passant sur le couvent latin,

Porte au camp dévasté ce murmure lointain,

Le soldat expirant, que trouble un dernier songe,

Recueille avec effroi le son qui se prolonge;

Il retrouve, à la voix qui descend du Carmel,

Un confus souvenir du culte paternel,

Et croit qu'auprès de lui, sous ces tristes murailles,

Le lamentable airain sonne ses funérailles.

LA PESTE.

Non, généreux guerriers! dans cet asile impur

Vous ne mourrez pas tous de ce trépas obscur,

La rage du fléau bientôt sera trompée :

Les uns vers le Delta périront par l'épée;

D'autres, dans les hameaux de leur lointain pays,

Parleront du Thabor et de Ptolémaïs;

Souffrez encore un jour ; à la prochaine aurore

Un prodige sauveur à vos yeux doit éclore;

Elle brille : au dehors de ces arceaux voûtés

Quel son long-temps muet retentit? Écoutez !!!

La fanfare du camp, qui dans les airs expire,

Chante l'hymne : *Veillons au salut de l'Empire.*

Distinguez-vous la voix des soldats attendris ?

Le nom du général se mêle à tous ces cris;

La foule vers ces lieux semble être convoquée;

Le long murmure approche; on ouvre la mosquée :

Un peuple de soldats, arrêté sur le seuil,

Mesure avec effroi ce long palais du deuil...

CHANT SEPTIÈME.

Tout-à-coup, s'arrachant à ces groupes timides,
Plus calme qu'à Lodi, plus grand qu'aux Pyramides,
Bonaparte est entré; ses plus chers généraux,
Kléber, Reynier, Murat, escortent le héros;
Il marche, et de mourans la salle parsemée
Tressaille sur les pas du père de l'armée;
Dans les regards éteints un céleste pouvoir
Fait luire à son aspect le reflet de l'espoir;
De ces rangs désolés compagnes assidues,
La douleur et la mort sont comme suspendues,
Et dans leurs lits de jonc des spectres enchaînés
Se dressent un moment sur leurs bras décharnés :
Tous invoquent des yeux l'homme que Dieu protége;
Et tandis que les chefs qui forment son cortége,
Pâles imitateurs d'un magnanime effort,
Pour la première fois tremblent devant la mort,
Et, dans cet air chargé d'atomes homicides,
Se penchent avec soin sur des parfums acides,

LA PESTE.

Lui, le front découvert, prononce dans les rangs
Ces mots mystérieux qui charment les mourans ;
Sur ces lits qu'il dénombre étendant sa main nue,
Lentement il poursuit cette horrible revue :
On vit en ce moment le magique docteur
Porter dans chaque plaie un doigt consolateur ;
Au souffle du malade il mêlait son haleine,
Découvrait les tumeurs qui se cachent sous l'aine,
Et dans ce temple impur, dieu de la guérison,
Il promettait la vie en touchant le poison.

Alors sous les arceaux de la funèbre voûte
Retentit une voix que le silence écoute :
« Soldats, le monde entier contemple vos destins ;
« La République a lu vos premiers bulletins :
« Le Nil conquis par vous a roulé dans son onde
« Les premiers cavaliers de l'Égypte et du monde ;

« Combattus par la soif et les déserts mouvans,
« Vos bataillons vainqueurs ont reparu vivans;
« Le Jourdain prisonnier vous doit sa délivrance,
« Et la voix du Thabor parle de notre France!
« Ce lieu de tant d'exploits serait-il le cercueil?
« Si, veuve de ses fils, la République en deuil
« Me demandait un jour : Qu'as-tu fait de l'armée?
« Où sont ces vieux soldats si grands de renommée,
« Ces vainqueurs de Mourad, des Beys, des Osmanlis?
« Faudra-t-il lui répondre: Ils sont morts dans leurs lits?
« Levez-vous! Ranimez votre force abattue;
« Bien plus que le fléau l'effroi du mal vous tue;
« Sur un lit de douleur comme au sein des combats,
« La mort est moins funeste à qui ne la craint pas.
« Vivez! Nous quitterons, demain avant l'aurore,
« Cette horrible cité que la peste dévore;
« Ici votre ennemi se dérobe à vos coups;
« Cherchons d'autres combats sous un soleil plus doux.

« L'Égypte nous attend; implacable adversaire,

« Mourad a reparu dans les plaines du Caire;

« Suivi de Mamelucks, bientôt il va s'unir

« Aux nouveaux Ottomans campés sous Aboukir.

« C'est en vain que du Nil le désert nous sépare;

« Marchons! Au moment même où ce peuple barbare

« Nous croit ensevelis au pied du mont Thabor,

« A ses yeux étonnés reparaissons encor,

« Et, vengeant d'Aboukir le sanglant promontoire,

« Couvrons un nom de deuil par un nom de victoire! »

CHANT HUITIÈME.

ABOUKIR.

ARGUMENT.

Les tentes du Bosphore.— Mustapha et Mourad-Bey. — L'armée d'Orient réunie sur le promontoire d'Aboukir.— Nouveaux auxiliaires égyptiens conduits par El-Modhi. — L'artillerie volante. — Mort d'El-Modhi. — La sibylle du Coran.—Charge de Murat.— Kléber.—L'armée ottomane anéantie. — Dernière nuit de Bonaparte en Égypte.— Épilogue.

CHANT HUITIÈME.

ABOUKIR.

Un camp tumultueux, sorti du sein des mers,
A peuplé d'Aboukir les rivages déserts;
L'Égypte a salué les tentes du Bosphore :
Leur parure se mêle aux couleurs de l'aurore;
A ces rideaux zébrés d'argent et de satin,
Enflés comme une voile au souffle du matin;

A ces frais pavillons couronnés de bannières,

D'armes, de croissans d'or, de flottantes crinières,

On croirait voir de loin un tapis d'Ispahan

Déroulé sur le sable aux bords de l'Océan.

Du Sultan de Stamboul la puissance alarmée,

Au noble Mustapha confia cette armée ;

L'imprudent, à son maître, en partant, a promis

De parer le Sérail de têtes d'ennemis !

Chaque jour, dans son camp pompeusement traînée,

On voit la longue chaîne aux vaincus destinée,

Et la cage de fer qui, du champ d'Aboukir,

Au château des Sept-Tours doit transporter Kébir [1].

A ces fiers Osmanlis, sur ce même rivage,

Se joignent, en poussant une clameur sauvage,

Deux mille Mamelucks, escadron épuisé

Que déroba la fuite aux vainqueurs de Ghizé ;

ABOUKIR.

Mourad-Bey les conduit; rusé dans sa défaite,
De la chaîne libyque il a suivi la crête,
Il a trompé Desaix ; et, par un long circuit,
Aux périls du désert échappé cette nuit,
Du Pacha de Stamboul ce noble auxiliaire,
Dans un dernier effort veut ressaisir le Caire.
Le fier Circassien, de tant de chocs froissé,
Étale les lambeaux de son luxe passé,
Et montre avec orgueil aux Ottomans novices
Sa face de lion, belle de cicatrices [2].

La France, défiée aux plaines d'Aboukir,
A ce sanglant duel se hâte d'accourir ;
Du Caire, du Fayoum, de l'étroite frontière
Où Suez à deux mers oppose sa barrière,
Du Delta nourricier aux fertiles sillons,
Arrivent à la fois nos joyeux bataillons.

CHANT HUITIÈME.

Quels sont ces combattants qu'on aperçoit à peine,

Marchant, le long des flots, sur la poudreuse arène?

L'armée a reconnu leur éclatante voix :

Des gouffres du désert ressuscités deux fois;

Et vainqueurs du fléau tyran de la Syrie,

Ils viennent pour combattre aux champs d'Alexandrie;

On dirait qu'aujourd'hui, sous un climat plus doux,

Un noble instinct les guide à ce grand rendez-vous.

« Amis, leur dit le chef, je vous rends à vos frères;

« Dès ce jour, les destins ne nous sont plus contraires;

« Dans ce dernier combat que je vous ai promis,

« Écrasez d'un seul coup ce peuple d'ennemis;

« Ils sont tous devant vous, soldats; le Directoire

« Par ma bouche, aujourd'hui, décrète la victoire. »

Il a dit, et déja ses rapides regards

Ont du camp d'Aboukir mesuré les remparts;

Devinant leur pensée aussitôt que conçue,
Du combat qui s'apprête il a jugé l'issue :
Dans la plaine il étend ses immenses réseaux,
Et semble marquer l'heure où dans les vastes eaux
Tombera, sans retour, l'armée asiatique.
Tel, sur le haut sommet de sa tour prophétique,
L'homme inspiré qui suit dans la voûte sans fin
Les astres échappés au doigt du séraphin,
Annonce l'heure fixe où, sans heurter les mondes,
Tombent sur notre ciel ces sphères vagabondes,
Et la nuit où, bornant leurs cercles révolus,
Elles percent l'abîme où l'œil ne les suit plus.
Un cri part d'Aboukir ; la redoute qui tonne
A troublé de la mer le repos monotone ;
Aux deux angles du camp par Mourad défendus,
Résonnent les canons que l'Anglais a vendus :
Et, debout sur le cap, la tour chère au Prophète,
D'un turban de fumée environne sa tête.

CHANT HUITIÈME.

A ce signal, pareils en nombre à ces oiseaux

Qui dans un jour d'orage obscurcissent les eaux,

Arrivent les tribus de la zone africaine ;

Le hideux El-Modhi sur ses pas les entraîne ;

Sa voix a réveillé ces enfans des déserts :

L'olivâtre Bédouin sorti des lacs amers,

Le Maure du Sennahr, l'Abissin qui dévore

La chair des noirs taureaux qui mugissent encore,

L'Arabe qui suspend aux créneaux d'une tour

Sa hutte de roseaux, comme un nid de vautour,

Tous les peuples, depuis les rives du Takase,

Bords inhospitaliers que le Cancer embrase,

Jusqu'aux lieux où le Nil, pour la dernière fois,

De la blanche cascade entend mugir la voix [3].

Devant nos bataillons ces hordes rapprochées

S'arrêtent ; tout-à-coup leurs flèches décochées,

Comme un nuage obscur levé sur l'horizon,

Portent à l'ennemi la mort et le poison.

Autour des rangs français le noir essaim bourdonne :

Tout-à-coup, au signal que Bonaparte donne,

Volent ces artilleurs qui, prompts comme l'éclair,

Font rouler le canon sur ses ailes de fer ;

De sa bouche d'airain la mitraille vomie

Creuse de longs sillons dans la horde ennemie.

A l'instant le canon, l'arsenal qui le suit,

L'artilleur cavalier, tout s'échappe, tout fuit ;

Sur la ligne où gronda la redoute enflammée,

L'ennemi n'atteint plus qu'une épaisse fumée,

Et vers un but lointain reprenant son essor,

Le canon voyageur tonne et s'envole encor.

El-Modhi, ranimant ses timides peuplades,

S'écrie, en poursuivant les tonnerres nomades :

« Glorieux instrumens des célestes desseins,

« Venez, fils du désert, Arabes, Abissins ;

« Voyez comme le plomb bondit sur ma poitrine !
« Mon souffle éteint le feu, mon regard extermine ;
« Répandu de mes mains, le sable que je tiens
« Abattra dans leur vol les boulets des chrétiens. »
Il dit ; en même temps le centaure sauvage
Lance vers l'ennemi le sable du rivage,
Et du divin Prophète invoquant le saint nom,
S'élance sur la ligne où gronde le canon ;
Des tribus de Sennahr la stupide phalange
Hurlait avec respect les paroles de l'Ange.
O terreur ! tout-à-coup le céleste envoyé
Bondit dans un éclair et tombe foudroyé !...
Un long cri d'épouvante éclate dans la nue ;
Tout fuit : en ce moment une femme inconnue,
Sibylle du Coran, qui de son noir talon
Excite les flancs nus d'un sauvage étalon,
Vers le corps d'El-Modhi vole et se précipite ;
D'un infernal amour son sein ridé palpite ;

ABOUKIR.

Sa main sèche, exercée à fouiller les tombeaux,
Lie aux crins du coursier le cadavre en lambeaux;
L'étalon, effrayé du fardeau qui le souille,
Porte au désert natal cette informe dépouille,
Et l'on dit, de nos jours, que le corps du démon
Repose enseveli sous les sables d'Ammon [4].

A travers la poussière et les flots de fumée,
Les Osmanlis, du camp ont vu fuir une armée;
Ils ne soupçonnent pas que leurs lâches amis
Regagnent les déserts qui les avaient vomis.
A leurs yeux fascinés, les chrétiens sont en fuite;
Le bouillant Mustapha s'élance à leur poursuite;
Mourad lui crie en vain : « Quelle erreur te séduit?
« Kébir est devant nous; c'est El-Modhi qui fuit. »
Guidés par leur Pacha que son orgueil entraîne,
Janissaires, spahis, se jettent dans la plaine;

CHANT HUITIÈME.

Tous, gorgés d'opium, enivrés de leurs cris,
De leur camp protecteur ont quitté les abris;
Tous, altérés de sang et d'horribles conquêtes,
Pour les tours du Sérail vont moissonner des têtes.

Bonaparte s'écrie : « Ils tombent sous nos coups
« Prends la charge, Murat, la bataille est à nous;
« Va leur montrer ce bras que l'Égypte redoute,
« Et jusque dans la mer écrase leur déroute. »
« — Oui, répond le héros, sur la selle grandi,
« Tu vas voir si déja mon bras s'est engourdi;
« Ce sabre et mes dragons t'assurent leur défaite;
« Jamais tu ne m'offris une si belle fête[5]! »
Il dit, et vers les Turcs, à flots précipités,
Il entraîne avec lui ses dragons indomptés,
Escadrons de géans, dont l'adresse fatale
Pousse comme un poignard l'épée horizontale.

ABOUKIR.

Tandis qu'à leur aspect, les ennemis troublés

Regagnent de leur camp les abris reculés,

Kléber aux fantassins imprimant son audace,

De l'étroit promontoire emprisonne l'espace :

Tous s'avancent, l'œil fixe, inclinés à demi,

Et sur le premier rang montrent à l'ennemi

Cette lance française au fer triangulaire,

Du fusil tiéde, encor sanglante auxiliaire;

Resserrés tout-à-coup dans ce cercle de dards,

Les Turcs épouvantés trouvent sur leurs remparts

Murat et ses dragons, Kléber et son épée ;

La route du désert aux vaincus est coupée ;

La mer leur reste, asile immense mais trompeur,

Où court le désespoir, où s'engloutit la peur;

Quelque temps sur les flots ce grand débris surnage,

Mais l'agile artilleur consomme le carnage,

Et des enfans d'Allah refuge désastreux,

L'Océan calme et pur se referme sur eux.

Noble France, bondis d'orgueil! sonnez, fanfares!
Sur ce champ de combat dépeuplé de Barbares,
S'avance, tel qu'un dieu, l'impassible héros,
Paré de ses soldats et de ses généraux ;
Les drapeaux d'Aboukir, du Thabor et du Caire,
Couronnent en flottant son chapeau militaire.
Murat, de la bataille arrivé le dernier,
A jeté sur ses pas Mustapha prisonnier ;
L'héroïque Kléber, perçant la foule immense,
Vers son rival de gloire avec amour s'élance,
Et sur son noble cœur le presse, en s'écriant :
« Aboukir a fixé le sort de l'Orient ;
« Qu'aujourd'hui devant vous tout orgueil se confonde :
« Vous êtes à mes yeux aussi grand que le monde [6]. »

Mais la nuit, confondant le rivage et les flots,
Aux vainqueurs d'Aboukir conseille le repos;

ABOUKIR.

Les soldats, possesseurs des tentes du Bosphore,
S'étendent sur l'arène, où le sang fume encore.
Demain, sur ces déserts quand le jour aura lui,
Peut-être ils pleureront leur gloire d'aujourd'hui !
Cette nuit un vaisseau sorti d'Alexandrie,
A reçu le guerrier qu'implore sa patrie ;
Il vogue sur les flots, et craint que le soleil
De ses vieux compagnons ne hâte le réveil ;
Tel un père entraîné dans un lointain voyage,
A l'heure du départ qui glace le courage,
De ses enfans chéris redoutant les adieux,
Attend que le sommeil ait pesé sur leurs yeux.
Le père de l'armée, en quittant cette rive,
A surpris dans ses yeux une larme furtive ;
Mais il porte en son ame un regret moins amer ;
Ses soldats sont heureux, il leur laisse Kléber.

CHANT HUITIEME.

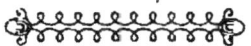

Et l'armée orpheline, en sa morne attitude,
Contemplait de la mer l'immense solitude!
Soldats! pourquoi ces pleurs, ce deuil silencieux?
Un jour vous oublîrez ces funestes adieux;
L'homme qui du désert osa frayer les routes,
Vous le retrouverez dans ces sanglantes joutes
Où, de l'Europe entière acceptant les défis,
La France belliqueuse appellera ses fils.
Chargé d'autres lauriers, sur la terre natale
Il chérira toujours sa gloire orientale;
Et tandis que ses vœux pressent votre retour,
Les pompes de l'Égypte embellissent sa cour;
Et dans le Carrousel les Mamelucks du Caire
Ornent de leurs turbans sa garde consulaire.

ABOUKIR.

Et vous qui, plus heureux, vainqueurs d'un long exil,
Aujourd'hui pour la France abandonnez le Nil,
Lieutenans du héros dès ses jeunes années,
A son noble avenir liez vos destinées;
Un jour, sous son manteau semé d'abeilles d'or,
Géans républicains, vous grandirez encor;
Sa main, en vous jetant des fiefs héréditaires,
Chargera de fleurons vos casques militaires.
Eckmuhl, Montebello, Berg, Frioul, Neuchâtel,
Vous donnerez au camp un blason immortel!
Le glaive impérial qui détruit et qui fonde,
Pour vous, en écussons découpera le monde;
Et devant l'ennemi, sous le feu des canons,
D'un baptême de sang anoblira vos noms!

Dans ce drame éclatant de quatorze ans de gloire,
Commencé sur le Nil, achevé sur la Loire,

Vous reverrez un jour vos généraux vieillis,
Soldats du mont Thabor et d'Héliopolis!
Vos drapeaux, qu'agita l'aquilon d'Idumée,
Marcheront les premiers devant la Grande-Armée,
Vos pas ébranleront tout le Nord chancelant
Aux plaines d'Austerlitz, d'Iéna, de Fridland;
Jours de fête où, perçant un rideau de nuages,
Le soleil dardera ses lumineux présages.
Bientôt, des bords du Rhin vers l'Asie élancés,
Émules rajeunis de vos travaux passés,
Épouvantant des Czars la sainte métropole,
Vous irez dans Moskou chercher les clefs du pôle;
Et quand, pour échapper à vos puissantes mains,
Le pôle, sous vos pieds, glacera ses chemins;
Quand les rois, secouant leur stupeur léthargique,
Convoqueront l'Europe aux champs de la Belgique,
Une dernière fois parés des trois couleurs,
Soldats, vous combattrez dans ce vallon de pleurs

ABOUKIR.

Où la France, portant son dernier coup d'épée,
Tombera digne d'elle, au visage frappée!!!

Alors de ce grand siècle, étonné de finir,
Plus rien ne restera qu'un morne souvenir.
Sur une île de rocs, dans l'Océan jetée,
La gloire et le génie auront leur Prométhée,
Et les rois, l'enchaînant à cet écueil lointain,
Au vautour britannique offriront un festin.
Des nations en deuil sublimes mandataires,
Trois hommes le suivront sur les mers solitaires;
Ils formeront la cour de son étroit palais,
Et, sur un sol impur, sous un soleil anglais,
Volontaires captifs dans l'île sépulcrale,
Serviront sans témoins son ombre impériale [7].
Ainsi, quand sous la voûte aux funèbres parois,
Memphis vit enfermer le plus grand de ses rois,

Consacrant à la mort un culte légitime,

D'étranges courtisans suivirent la victime ;

Et d'une gloire éteinte escortant les débris,

Vivans, dans son tombeau, gardèrent Sésostris !!!

NOTES

DU

CHANT PREMIER.

NOTES

DU CHANT PREMIER.

> [1] Contez-nous ces exploits que votre forte épée
> Gravait sur la colonne où repose Pompée.

Non loin d'Alexandrie, sur le bord de la mer, s'élève une colonne isolée, d'ordre corinthien, nommée *la Colonne de Pompée*. C'est le premier monument qu'on aperçoit de la pleine mer, quand on vogue vers l'Égypte.

> [2] Et le brillant mirage
> Qui montre à l'horizon un fantastique ombrage.

Le mirage est un effet d'optique fort commun dans les déserts de l'Égypte et de la Syrie ; le voyageur croit apercevoir à l'horizon, tantôt des ombrages, tantôt un lac, tantôt l'immensité de la mer ; mais, à mesure qu'il s'avance vers ces buts tant désirés, tout s'évapore, et l'illusion du voyageur s'évanouit. Nous avons remarqué le même phénomène dans les plaines de *la Crau* près d'Arles.

> [3] Et le pilote même, au gouvernail assis,
> Promène à l'horizon des regards indécis.

C'est la vérité historique; l'armée ignorait non seulement quels ennemis elle allait combattre, mais encore le lieu qui devait être le théâtre de ses futurs exploits. La confiance envers le jeune général était si grande, que chaque soldat se livrait, sans nul souci de l'avenir, à cette gaieté bruyante qu'inspire un premier voyage sur mer.

> [4] Les héroïques chants expiraient sans échos.

Le soir, quand le temps était beau et la mer calme, la musique des régimens exécutait les airs guerriers de l'époque, auxquels se joignaient les chants de l'armée républicaine.

> [5] Et l'étrange cité qui meurt dans le repos,
> Entre un double océan de sables et de flots.

Aucune ville n'offre un aspect plus désolé qu'Alexandrie vue de la pleine mer. La mort semble régner sur cette plage, nue, basse, sablonneuse, où toute végétation expire entre les vagues et le désert.

6   Retrouvons les chemins
    Où passaient avant nous les bataillons romains.

Toutes ces paroles sont historiques; ce discours renferme le sujet du poëme.

7 Il se tait à ces mots; mais ses lèvres pressées
    Semblent garder encor de plus hautes pensées.

Nous n'avons voulu envisager l'expédition que sous son rapport le plus poétique, la destruction des Mamelucks et l'affranchissement de l'Égypte; il est impossible de douter aujourd'hui que Bonaparte n'ait attaché une bien plus haute importance à cette expédition.

8   Le sage Dufalga.

Dans ce dénombrement, calqué sur l'histoire, quelques noms, très honorables sans doute, ont été oubliés; mais il n'entrait pas dans notre plan de les mentionner ici.

9   Les aveugles Musseins.

En Turquie et dans les pays soumis à la domination ottomane, on appelle Muezzins ou Musseins, ceux qui, du haut des minarets, annoncent au peuple les heures de la prière; on choisit, pour ces emplois, des aveugles, de crainte qu'ils ne puissent voir les femmes sur les terrasses des maisons. Ces Musseins sont obligés de monter cinq fois par jour dans les galeries aériennes des mosquées; savoir, au lever de l'aurore, à midi, à trois heures, au coucher du soleil, et environ deux heures après. Voici les mots qu'ils font entendre par intervalles :

Allah' u ekber! Esch' hed u enné la ilah' il Allah! esch' hed' u enné Mohammed ressouli' Allah! Hayyé al' es selath! Hayyé el' el selath. Ve Allah' u ekber! la ilah'; il Allah! C'est-à-dire : Dieu très haut! j'atteste qu'il n'y a point de Dieu, sinon Dieu; j'atteste que Mohammed est le prophète de Dieu! Venez à la prière, venez au temple du salut! Grand Dieu! il n'y a point de Dieu, sinon Dieu!

[1] Par un meurtre éclatant veut conquérir le ciel.

Le brave Kléber fut blessé à l'assaut d'Alexandrie; à l'aide d'une fiction, qui n'a rien de contraire à l'esprit de l'histoire, nous lui avons donné pour adversaire opiniâtre, ce farouche Souliman qui, plus tard, devait être son assassin.

¹¹ Rougira le vieux Phare et le double obélisque.

Le phare d'Alexandrie est aujourd'hui en ruines; mais ses débris conservent encore un caractère de grandeur qui étonne. Non loin du phare s'élevaient les deux obélisques nommés Aiguilles de Cléopâtre ; un d'eux est aujourd'hui couché sur le sable.

¹² Ouvrir leur bouche ardente à l'air frais des rizières.

On appelle ainsi ces vastes champs de riz qu'on rencontre sur le Delta, en remontant le Nil, et dans le voisinage du Caire.

NOTES
DU
CHANT SECOND.

NOTES
DU CHANT SECOND.

---

¹ Vers les lacs de Natroun et le Fleuve-sans-Eau.

El-Modhi sort d'Alexandrie par la porte du Caire, et suit la route du désert qui conduit aux lacs de Natroun, dans le voisinage de cette dernière ville. Tout auprès est le lit desséché d'un fleuve, qu'on appelle *le Fleuve-sans-Eau*.

Ce personnage d'El-Modhi est historique; c'est lui qui jette dans le poëme un nouveau genre de merveilleux qui n'a rien d'invraisemblable, et qui ressort de la nature même du sujet. Voici ce que l'histoire raconte de ce fanatique musulman :

L'ennemi que le général Lanusse allait combattre dans l'intérieur du Delta, était un fanatique qui se disait l'ange El-Modhi, dont la venue sur la terre est promise aux hommes dans le livre de la loi musulmane. Il prétendait être descendu du ciel sur un cheval qu'il appelait Al-Borak. Ce Messie du Coran, dont on n'a jamais bien connu l'origine, ayant débarqué tout-à-coup à Derne, s'était avancé, à travers le désert, jusque sur les terres d'Égypte, et avait annoncé avec assurance qu'il venait pour remplir sa mission. A sa voix, la plus grande partie des tribus arabes du désert de Barca s'étaient rassemblées autour de lui, et, se croyant invincibles sous un tel chef, avaient marché à sa suite pour coopérer à l'anéantissement des Français.

Il était nécessaire que des miracles appuyassent la prétendue mission de l'ange prétendu, et celui-ci n'ignorait pas l'efficacité d'un pareil moyen pour prolonger l'élan fanatique de ses sectateurs; il essaya d'abord de leur faire croire que son corps était immatériel, malgré sa forme apparente. Pour toute nourriture, il se bornait à tremper ses doigts dans un vase rempli de lait, et se frottait légèrement les lèvres avec cette liqueur. Dépouillé de toute espèce de vêtement, il assurait que les balles des Français, loin de l'atteindre, retourneraient sur les infidèles, et qu'en jetant quelques grains de poussière devant les canons, il paralyserait l'effet de leur formidable artillerie. Il avait commencé par faire d'abondantes largesses à ceux qui, les premiers, s'étaient réunis à lui, en leur disant que c'était l'or du ciel qu'il leur distribuait.

Quelques jours avaient suffi à l'ange El-Modhi pour former une espèce d'armée, à laquelle vinrent se joindre les Mamelucks d'Osman-bey-el-Bardisi, et les Arabes des tribus Djeouabis, Ouadalis, Anadis et Foadis. Cette bande de fanatiques se porta dans le Delta, et y exerça d'horribles ravages; l'Ange, poursuivi par les généraux Marmont et Lefebvre, fut atteint au village de Sanhour, à quelque distance de Damanhour. La troupe des fanatiques s'élevait à près de quatre mille chevaux et à douze à quinze mille fellahs ou Arabes à pied. L'action fut terrible et dura près de sept heures; les Arabes étaient si persuadés de l'infaillibilité des promesses de leur chef, qu'ils ne firent aucune attention aux morts et aux blessés qui succombaient dans leurs rangs. L'Ange n'avait pas oublié de les prévenir que tous ceux qu'ils verraient atteints ainsi par le fer et le feu des infidèles, étaient des hommes d'une foi peu robuste, et qui avaient besoin de cette épreuve expiatoire pour mériter la palme du martyre; aussi tous ces hommes crédules se battaient-ils avec la fureur la plus aveugle et le mépris le plus absolu de la mort... Le général Dugua eut besoin de rassembler toutes ses forces pour délivrer le Delta des brigandages du prophète. L'infatigable Lanusse s'attacha à la poursuite de l'Ange, et l'atteignit sur les confins de la province de Baheireh : là les rebelles furent encore vaincus ; l'auteur de tant de désastres, l'homme qui se disait l'envoyé du Tout-Puissant sur la terre, et dont le corps était invulnérable, percé d'une balle, resta mort sur le champ de bataille ; et cependant, la bande de ce fanatique resta persuadée qu'il n'était point anéanti, mais qu'il était remonté au ciel, d'où il allait diriger avec plus de certitude les coups des vrais croyans.

(Extrait des *Victoires et Conquêtes*, tome X.)

[2] De l'oasis d'Hellé, que dévorent ses yeux.

La maison de campagne de Mourad-Bey était située près de Boulak, non loin des ruines qui ont conservé le nom d'Hellé (sans doute l'ancienne Héliopolis).

[3] La feuille opiacée,
Que, pour son doux seigneur, cueille Laodicée.

C'est le tabac de Latakié, l'ancienne Laodicée.

[4] Deux eunuques blancs
Jusqu'aux pieds de Mourad guident ses pas tremblans.

Tous ces détails d'intérieur sont de la plus scrupuleuse

exactitude; ils nous ont été communiqués, à Marseille, par un Turc qui avait vécu dans les palais de Mourad et d'Ibrahim-Bey.

⁵ Le glaive Zuphalgar.

C'est le nom que les Mahométans donnent au sabre effilé et flamboyant de leur ange Gabriel.

⁶ Et les peuples de Tor, à ma voix réveillés,
Chasseront les chrétiens des bords qu'ils ont souillés.

Nous voulons indiquer par là tous les Arabes qui forment la fédération de Tor, sur la presqu'île de Sinaï. Tor est un port de la mer Rouge.

⁷ Le canon d'Aboukir.

La bataille navale d'Aboukir est si malheureusement célèbre, qu'il est inutile d'en reproduire ici les horribles détails. Tous nos lecteurs savent avec quel héroïsme nos marins disputèrent la victoire, dans la position où les avait engagés leur brave, mais inhabile amiral.

NOTES

DU

CHANT TROISIÈME.

NOTES

DU CHANT TROISIÈME.

¹ *La nature a taillés en simulacre humain.*

La statue colossale de Memnon, si célèbre dans la fable et l'histoire, n'est, selon les uns, qu'un monument élevé à la gloire d'Osimandias, roi de Thèbes. C'est sur le pied de ce colosse qu'est gravée la double inscription dont nous avons parlé dans notre Préface, et qui a été recueillie, au mois de juillet dernier, par l'infatigable M. Taylor. La statue de Memnon fut renversée et mutilée par les soldats de Cambyse, ce grand dévastateur des monumens égyptiens.

² *Élèvent jusqu'aux cieux la pompe du néant.*

Tout a été dit sur les Pyramides; en parler encore serait inutile ici. M. de Châteaubriand est de tous les écrivains celui qui a dit les plus grandes choses sur ces monumens. Aussi c'est toujours avec un vif sentiment de plaisir que les voyageurs français lisent son nom gravé sur la plus haute assise de la pyramide Chéops.

<blockquote>
³   L'obéissante armée
En six carrés égaux dans la plaine est formée.
</blockquote>

Bonaparte forma son armée en six carrés à la bataille des Pyramides, et contre eux vinrent se briser toutes les charges des Mamelucks : pendant l'action, il était visible à tous les yeux, au centre du carré de Dugua.

⁴ D'un double pistolet la poignée étincelle.

Mourad-Bey, chef célèbre de Mamelucks, né en Circassie vers 1759. Il suffirait à la gloire de ce musulman, et ce serait une garantie suffisante de durée pour son nom, d'avoir eu à combattre les deux premiers hommes de guerre des temps modernes, Napoléon et Kléber; mais, indépendamment de cet accident heureux de sa destinée, ce Barbare, supérieur aux siens en grandeur d'ame et en lumières, aurait pu s'illustrer par des faits tout personnels. Mourad était un jeune Mameluck de la maison d'Aly-Bey, le premier qui, voulant se

rendre absolument indépendant de la Porte-Ottomane, s'était efforcé d'établir l'autorité d'un seul despote sur les tyrannies concurrentes des vingt-quatre beys du Pacha et des corps ottomans qui se disputaient l'administration de la malheureuse Égypte. Aly-Bey, parvenu à se débarrasser de tous ses rivaux, avait trouvé un compétiteur inattendu dans la personne d'Abou-Dahab, son lieutenant, qui l'avait trahi; une seconde trahison assura la victoire à celui-ci, et cette trahison, ouvrage de Mourad-Bey, qui est le sujet de cette notice, fut la première cause de l'élévation de ce dernier. Voici comment on raconte cette première partie de son histoire : Mourad, qui avait appartenu dans son enfance au bey Abou-Dahab, était devenu éperdument amoureux de la Géorgienne Sitty Nefiséh, épouse d'Aly-Bey, son nouveau maître. Subjugué par cette passion fatale, il ne voit que dans la destruction d'Aly l'espoir de la satisfaire; et, abandonnant, à la faveur des ténèbres, le camp de celui-ci, il court offrir ses services à l'autre bey Abou-Dahab. « Ton ennemi, lui dit-il, doit pas-
« ser avec son armée par un défilé où sa perte est inévitable
« si l'on peut l'y arrêter à temps. Je m'offre à toi : si je réus-
« sis, je ne te demande qu'une grâce, donne-moi la belle
« Sitty Nefiséh. » Abou-Dahab accepta avec joie ce secours

inespéré, et Mourad alla s'embusquer avec six mille Mamelucks dans les palmiers de Sallyels. Aly-Bey hésita long-temps avant de s'engager dans cet étroit passage; ses éclaireurs l'avaient averti du péril. Mourad, impatient de le joindre, se disposait à l'aller chercher, lorsque l'imprudent bey vint enfin tomber dans le piège qu'on lui avait tendu. Les soldats d'Aly, étonnés de l'attaque, lâchèrent pied; cependant leur chef les rallia deux fois, et il était sur le point de se saisir de la victoire, lorsque Mourad fondit sur lui, et, d'un coup de sabre lui partageant le visage, l'abattit de son cheval. A la vue de son bienfaiteur étendu sur le sable, le Mameluck sentit la pointe du remords, et ne put retenir ses larmes. « Pardonne-
« moi, lui dit-il, oh! pardonne-moi, mon maître, je ne t'avais
« pas reconnu. » Aly fut transporté au Caire. Sa blessure n'était pas mortelle, mais Abou-Dahab en fit empoisonner l'appareil. Mourad hérita de son harem et de ses biens. Tels furent, selon l'auteur d'un excellent précis de l'histoire d'Égypte, dont nous avons emprunté le récit (M. Rey Dusseuil), les commencemens peu honorables de Mourad. La mort de son patron, et celle d'Abou-Dahab, qui eut lieu peu de temps après, laissèrent Mourad l'homme le plus puissant de l'Égypte. Le seul rival qu'il pût avoir à redouter était Ibrahim-Bey;

mais, grâce à la nécessité de maintenir leur commune usurpation contre la politique de la Porte, la bonne intelligence subsistait encore entre eux lorsque les Français arrivèrent en Égypte. A la première nouvelle de cette invasion, Mourad-Bey n'avait envoyé à la rencontre des Français qu'une partie de la milice dont il était le chef suprême. Il quitta bientôt après le village de Ghizé, où il faisait sa résidence habituelle, pour se rendre au Caire, dans l'intention de se venger, sur les négocians français qui se trouvaient dans cette ville, de l'agression des soldats de leur nation; mais, détourné de cette résolution barbare par le conseil d'un Vénitien nommé Rosetti, qu'il avait auprès de lui, il se contenta d'imposer à ces négocians une contribution de quelques milliers de piastres. Ce fut à Chebreis que les Mamelucks furent pour la première fois rencontrés et battus par les Français. A la nouvelle de cet échec, Mourad, rempli de fureur, ne négligea pourtant aucun des moyens que lui fournissaient son ascendant personnel et ses talents pour le réparer. Il chercha à relever le courage des Mamelucks; et, leur rappelant tant de victoires par eux remportées sur les Turcs et les Arabes, il leur dit de se souvenir également qu'ils étaient regardés comme la première cavalerie de l'univers. Il leur représenta l'armée française harassée de fatigues, mourant de faim, et facile à exterminer en réunissant toutes leurs forces contre elle. Les dispositions prises par Mourad, à la bataille des Pyramides, étaient formidables, de l'aveu même de son adversaire (voyez les *Mémoires de Napoléon*, tome 1); ses forces montaient à soixante mille hommes, y compris l'infanterie et les hommes de pied qui servaient chaque cavalier. « Nous connaissions et « redoutions beaucoup, dit Napoléon, l'habileté et l'impé- « tueuse bravoure des Mamelucks. » Ils furent cependant battus une troisième fois. « Mourad-Bey, dit l'historien conquérant en « faisant le récit de cette brillante et mémorable journée, n'avait « aucune habitude de la guerre; mais la nature l'avait doué « d'un grand caractère, d'un courage à toute épreuve et d'un « coup d'œil pénétrant. Les trois affaires que nous avions eues « avec les Mamelucks lui servaient déjà d'expérience, et dans « cette journée il se conduisit avec une habileté qu'on pour- « rait à peine attendre du général européen le plus con- « sommé. » Quoi qu'il en soit, de cette armée de soixante mille hommes, il n'échappa que deux mille cinq cents cavaliers avec Mourad-Bey. Plusieurs milliers de ses soldats, en essayant de traverser le Nil, y furent engloutis. Retranchemens, artillerie, pontons, bagages, tout tomba au pouvoir des Français, et les nombreux cadavres qu'emporta le cours du fleuve portèrent en peu de jours jusqu'à Damiette et Rosette, et le long du rivage, la nouvelle de notre victoire. Ce ne fut que long-temps après sa fuite, que Mourad-Bey s'aperçut qu'il n'était suivi que par une partie de son monde, et qu'il reconnut la faute qu'avait faite sa cavalerie de rester dans le camp retranché. Il essaya plusieurs charges pour lui rouvrir un passage, mais il était trop tard; les Mamelucks eux-mêmes avaient la terreur dans l'ame, et agirent mollement. « Les destins, dit Napoléon, avaient prononcé la des-« truction de cette brave et intrépide milice, sans contredit « l'élite de la cavalerie de l'Orient. »

Nous avons extrait ce fragment de l'excellente notice sur Mourad-Bey, publiée par M. Alphonse Rabbe. Les étroites proportions de ces notes ne nous permettent pas de citer en entier ce morceau, où brille le talent d'un écrivain placé à juste titre parmi nos premiers historiens.

[5] Les vieux républicains pâlirent, indécis.

Le premier choc des Mamelucks contre les carrés fut si terrible, que le courage des Français en fut ébranlé un instant;

c'est ce qui nous a été raconté par plusieurs acteurs de ce magnifique drame.

⁶ De ces héros, tombés pour l'honneur du Croissant,
   Un seul restait debout.

« Un bey se dévoua, avec quarante de ses Mamelucks, de la manière la plus héroïque, pour ouvrir un passage à Mourad. Ils acculèrent leurs chevaux contre les baïonnettes des grenadiers et les renversèrent sur eux. Par là, ils parvinrent à faire une brèche dans le carré; mais elle se referma aussitôt; ils périrent tous; il en vint mourir une trentaine aux pieds de Desaix. »

(THIBAUDEAU, *Histoire de Napoléon.*)

Ce dévouement héroïque des quarante Mamelucks nous a été raconté par M. le général Gourgaud, qui possède, dans ses moindres détails, l'histoire de cette merveilleuse campagne.

⁷ Quittaient Nécropolis, la ville des tombeaux.

C'est le texte avec la traduction; c'est une redondance poétique. Nous l'avons empruntée à M. de Châteaubriand :

DU CHANT TROISIÈME.

« Nécropolis, cité des morts, aussi grande que celle
« des vivans. »

(*Les Martyrs.*)

Toutes les villes de l'Égypte ont aussi leur nécropolis ; c'est le cimetière.

NOTES
DU
CHANT QUATRIÈME.

NOTES

DU CHANT QUATRIÈME.

¹ *Proposer au passant une énigme inconnue.*

En faisant la description d'un temple égyptien, nous avons essayé de donner une idée générale des autres monumens, ils sont tous empreints du même caractère, et les mêmes emblèmes mystérieux se retrouvent, dans des proportions plus ou moins grandes, depuis Héliopolis jusqu'à l'île de Philœ.

² *Il paraît au Khalig, où le peuple l'appelle.*

Le Khalig est le canal qui s'ouvre au-dessous du Vieux-Caire, sur la petite branche du Nil formée par l'île de Roudah, et traverse le Caire.

³ *Et le sage Oualy.*

On appelle ainsi l'officier chargé de former une digue, à

cinquante pas en dedans du Khàlig, pour empêcher le fleuve d'y pénétrer, jusqu'à ce que les eaux soient suffisamment élevées.

¹ *Son palais de Boulak.*

Boulak est un village près du Caire, dont il est, pour ainsi dire, le faubourg. C'est à Gizéh et non loin de Boulak qu'était situé le palais de Mourad.

NOTES

DU

CHANT CINQUIÈME.

NOTES

DU CHANT CINQUIEME.

[1] Mêle ses vains débris aux nuages du soir.

Voir la note du premier chant sur le *mirage*.

[2] Des soldats de Cambyse ont vu les ossemens.

Deux armées de Cambyse furent étouffées par le *simoun*, l'une en revenant de l'oasis d'Ammon, l'autre dans la vallée qui conduit en Éthiopie.

[3] Les blocs de granit
Qui marquent la frontière où le désert finit.

Deux colonnes, beaucoup plus élevées que les blocs qui indiquent le chemin des caravanes, sont placées sur la frontière de Syrie. Les voyageurs engagés dans le grand désert les saluent de loin avec des transports de joie; elles leur annoncent l'abondance, les sources d'eau et la fertilité.

Dans les longues et savantes revues de ses aventures, que faisait Napoléon à Sainte-Hélène, avec ses compagnons d'exil, il disait souvent que le désert avait toujours eu pour lui un attrait particulier. Il ne l'avait jamais traversé sans une certaine émotion. C'était pour lui l'image de l'immensité, disait-il ; il ne montrait point de bornes, n'avait ni commencement ni fin ; c'était un océan de pied ferme. Ce spectacle plaisait à son imagination, et il se complaisait à faire observer que Napoléon veut dire : *Lion du Désert.*

(Extrait du *Mémorial de Sainte-Hélène.*)

[4] Desaix, en ce moment, loin du ciel d'Idumée,
Recommande au burin les fastes de l'armée.

L'expédition de Desaix dans la Haute-Égypte n'entrait pas dans notre plan ; nous ne faisons que l'indiquer ici en la rattachant au sujet principal.

[5] Ont mêlé leur histoire à l'histoire des cieux.

Le zodiaque de *Tentyris, Denderah* ou *Tentyra,* découvert par Desaix, fut apporté à Marseille en 1821 ; quarante jours après, il fut exposé dans une salle du Louvre à la vénération des savans.

NOTES
DU
CHANT SIXIÈME.

NOTES

DU CHANT SIXIÈME.

¹ Ptolémaïs.

C'est l'ancien nom de Saint-Jean-d'Acre. Cette ville, après avoir subi tant de désastres, est encore la même que du temps des croisades.

² Salah-Eddin.

C'est le même sultan que les Occidentaux connaissent sous le nom de Saladin.

³ Prête à ces grands tableaux sa bordure d'azur.

M. de Châteaubriand a décrit cette partie de la Syrie avec son magique talent ; ses pages nous ont fourni plusieurs inspirations qui n'étaient chez nous que des réminiscences; car toutes ses œuvres littéraires sont dans notre mémoire depuis l'âge de seize ans, et si profondément empreintes, que nous pourrions les réciter en aussi peu de temps qu'un autre mettrait à les lire. Qu'on nous permette ce petit écart d'amour-propre en faveur de nos bonnes intentions.

¹ C'est là que règne Achmet, tyran sexagénaire.

Voici le portrait d'Achmet, d'après Thibaudeau, dans son *Histoire de Bonaparte:* « Parmi les pachas de la Porte était le fameux Achmet, pacha de Saïde (Sidon) et de Saint-Jean-d'Acre, surnommé *Djezzar* ou *le Boucher.* Cet homme, féroce et entreprenant, commandait, avec le titre de visir, tout le pays situé entre le Nahr-el-Keb et Césarée, et avait une grande puissance. Il était à la fois son ministre, son chancelier, son trésorier et son secrétaire, souvent même son jardinier, son cuisinier, et quelquefois juge et bourreau. Il avait le vêtement d'un simple Arabe, et sa barbe blanche descendait sur sa poitrine; il portait dans sa ceinture un poignard garni de diamans, comme marque d'honneur de son gouvernement; il donnait ses audiences assis sur une natte, dans une chambre sans meubles, ayant près de lui un pistolet à quatre coups, une carabine à vent, une hache et un long sabre. Pendant la conversation, il découpait avec des ciseaux toutes sortes de figures en papier. Dans ses antichambres, on voyait des domestiques mutilés de toutes les manières : l'un avait perdu une oreille, l'autre un œil, l'autre un bras. L'intérieur de son harem était inaccessible; on ne connaissait point le nombre de ses femmes; celles qui entraient une fois dans cette prison mystérieuse, étaient perdues pour le monde. On leur donnait à manger par un tour, et c'était par là aussi que le médecin tâtait le pouls de celles qui étaient malades. Il tuait de sa propre main celles dont la fidélité était suspecte. Il avait alors près de soixante ans; mais sa vigueur était encore celle d'un homme dans la force de l'âge. »

⁵ La place où doit s'ouvrir l'assaut du lendemain.

Le général Cafarelli-Dufalga avait perdu une jambe sur les bords du Rhin; lorsque les soldats regrettaient la terre natale, ils disaient, en montrant Dufalga : « Quant à lui, il est heureux : il a toujours un pied en France. » Ce brave général, que Bonaparte aimait d'une affection particulière, fut tué devant Saint-Jean-d'Acre.

⁶ Le lamentable loumb, triste oiseau de l'écueil.

Espèce de goéland, dont le chant ressemble au cri de détresse d'un homme qui se noie.

(Voyez l'*Épisode de Velléda*, dans *les Martyrs*.)

⁷ Marchez : le sort du monde est là, dans cette tour !

Bonaparte mettait la plus grande importance et le plus opiniâtre acharnement à la prise de Saint-Jean-d'Acre : « Le sort de l'Orient est dans cette bicoque, » disait-il un jour à Murat, en lui montrant la ville assiégée.

Plus tard, sur le rocher de Sainte-Hélène, il revenait avec complaisance sur ce siége, et persistait dans ses premières idées ; les souvenirs de Saint-Jean-d'Acre étaient ses regrets de prédilection.

La campagne d'Égypte était, selon lui, aussi intéressante qu'un épisode de roman. Voici ce qu'il disait à ce sujet, au rapport de M. Las Cases :

« C'était pourtant bien audacieux d'avoir osé se placer
« ainsi au milieu de la Syrie, avec seulement douze mille
« hommes. J'étais, continuait-il, à cinq cents lieues de De-
« saix, qui formait l'autre extrémité de mon armée..... Si
« j'avais été maître de la mer, j'eusse été maître de l'O-
« rient ; et la chose était si possible, que cela n'a tenu qu'à la
« stupidité ou à la mauvaise conduite de quelques marins....
« Les Anglais ont frémi de nous voir occuper l'Égypte. Nous
« montrions à l'Europe le vrai moyen de les priver de l'Inde.

« Ils ne sont pas encore bien rassurés, et ils ont raison. Si
« quarante ou cinquante familles européennes fixent jamais
« leur industrie, leurs lois et leur administration en Égypte,
« l'Inde sera aussitôt perdue pour les Anglais, bien plus
« encore par la force des choses que par celle des
« armes. »

Nous remarquerons en passant que presque toutes les phrases que nous avons mises dans la bouche de Bonaparte sont historiques.

NOTES
DU
CHANT SEPTIÈME.

NOTES

DU CHANT SEPTIÈME.

[1] Ta gloire éblouira la ville du soleil.

Allusion à la bataille d'Héliopolis, gagnée un an après par Kléber.

[2] Tout-à-coup, des hauteurs qui couronnent Souli.

Souli, village au sud de la plaine d'Esdrelon, et qui la domine.

[3] Arrivent sur les Turcs quatre cents dromadaires.

Bonaparte avait confié à Junot le soin de former un escadron de dromadaires, qui ont rendu de grands services à l'armée. Les Français s'étaient parfaitement habitués à l'allure de ces animaux.

⁴ *Jusqu'au pont de Jacob, les chasse devant lui.*

Le pont de Jacob est situé à dix lieues environ de la plaine du Thabor.

⁵ *Pâlirent un moment dans Surate et Golconde.*

Au moment où les nouvelles de nos conquêtes en Égypte parvenaient en France, l'idée généralement répandue en Europe était que le gouvernement français avait un but bien plus vaste que celui de s'emparer de l'Égypte.

⁶ *Exhument en hurlant ces horribles débris.*

Ces effrayans détails ne sont pas malheureusement les fruits de l'imagination des poëtes. On lit dans l'*Histoire médicale de l'armée d'Orient*, par Desgenettes :

« Des bandes de chiens affamés, comme ceux qui dévorèrent Jézabel, rôdaient continuellement autour de nos ambulances; on les vit se jeter avec avidité sur des cataplasmes qui avaient recouvert des bubons, manger des chairs charbonnées, et se repaître de cadavres de pestiférés. »

⁷ *Desgenette est son nom.*

Empruntons ce récit à Desgenettes lui-même :

« Ce fut pour rassurer les imaginations et le courage

ébranlé de l'armée, qu'au milieu de l'hôpital je trempai une lancette dans le pus d'un bubon appartenant à un convalescent de la maladie au premier degré, et que je me fis une légère piqûre dans l'aine et au voisinage de l'aisselle, sans prendre d'autre précaution que celle de me laver avec de l'eau et du savon, qui me furent offerts. J'eus pendant plus de trois semaines deux petits points d'inflammation correspondans aux deux piqûres, et ils étaient encore très sensibles lorsqu'au retour d'Acre je me baignai, en présence d'une partie de l'armée, dans la baie de Césarée. »

Un autre trait d'héroïsme de Desgenettes, que nous n'avons pu consigner dans notre poëme, est celui-ci :

« Invité par le quartier-maître de la soixante-quinzième demi-brigade, une heure avant sa mort, à boire dans son verre une portion de son breuvage, je n'hésitai pas à lui donner cet encouragement. Ce fait, qui se passa devant un grand nombre de témoins, fit notamment reculer d'horreur le citoyen Durand, payeur de la cavalerie, qui se trouvait dans la tente du malade. »

(*Histoire médicale de l'armée d'Orient.*)

Nous ne pouvons parler ici de Desgenettes sans consacrer

quelques lignes au noble dévouement de son digne émule, le chirurgien en chef Larrey.

Dans cette première marche, si pénible pour l'armée, d'Alexandrie à Damanhour, quand les soldats, trompés par le mirage, épuisés de fatigue et dévorés de soif, tombaient en expirant sur le sable du désert, on vit Larrey parcourir les rangs désespérés, exprimant sur les lèvres des soldats quelques gouttes d'esprit-de-vin qu'il portait avec lui dans une petite outre de cuir, et leur donner l'exemple d'un courage qui avait abandonné jusqu'à nos généraux.

NOTES
DU
CHANT HUITIÈME.

NOTES

DU CHANT HUITIÈME.

Au château des Sept-Tours doit transporter Kébir.

Ces ridicules fanfaronnades sont assez dans le caractère des Turcs; il n'est pas impossible que Mustapha eût fait préparer une cage et des chaînes pour Bonaparte et ses soldats; du moins est-il certain qu'il avait le plus profond mépris pour ses ennemis, et une pleine confiance en lui-même, comme on peut en juger par ce qui suit :

« Mourad-Bey, sorti de la Haute-Égypte, vint, par des chemins détournés, jusqu'à Aboukir, où était campée l'armée turque. Au débarquement de ceux-ci, les détachemens français s'étaient repliés pour se concentrer : fier de cette apparence de crainte, le pacha, qui les commandait, dit avec emphase en apercevant Mourad-Bey : « Eh bien ! ces Français tant redoutés, dont tu n'as pu soutenir la présence, je me montre, les voilà qui fuient devant moi ! » Mourad-Bey, vivement blessé, lui répondit avec une espèce de fureur : « Pacha, rends grâce au Prophète qu'il convienne à ces Français de se retirer ; car, s'ils se retournaient, tu disparaîtrais devant eux, comme la poussière devant l'aquilon ! »

Il prophétisait : à quelques jours de là eut lieu la bataille d'Aboukir.

(Extrait du *Mémorial de Sainte-Hélène*.)

² Sa face de lion, belle de cicatrices.

Le portrait de Mourad-Bey fait partie du grand ouvrage de l'Égypte. Le Bey est représenté assis sur un tapis, un éventail de plumes à la main. Ses traits ont une grande analogie avec la face du lion ; la large blessure qu'il reçut aux Pyramides donne à sa figure un caractère d'héroïque fierté.

³ De la blanche cascade entend mugir la voix.

El-Modhi amène avec lui toutes les tribus, depuis le Takase, fleuve qui coule dans la Nubie et l'Éthiopie, jusqu'à la première cataracte qu'on trouve en remontant le Nil.

Ces Barbares, de retour dans leurs déserts, durent proclamer, sans doute, les exploits merveilleux de notre armée; que de bulletins arabes doivent avoir été publiés sous les huttes d'Éléphantine et dans les sépulcres de Luxor et de Thèbes! Aussi le nom de France est-il plus connu aujourd'hui encore chez les Wehabites et les Abissins, que le nom du pays qu'ils habitent. L'anecdote suivante en est une preuve entre mille :

M. Taylor, dans une de ses laborieuses marches sous le tropique, avait confié son sac de voyage à un Arabe de Karnac; celui-ci, tout fier de son fardeau, prit subitement l'attitude d'un grenadier et marcha au pas, en disant : *Soldat français! Soldat français! Bonaparte!*

Ce trait, qui nous a été raconté par M. Taylor, rappelle ces enfans bédouins qui causèrent tant de surprise à M. de Châteaubriand, en proférant le cri : « *En avant, marche!* »

⁴ Repose enseveli sous les sables d'Ammon.

El-Moldhi fut tué d'un coup de biscaïen près de Damanhour, au moment où il jetait du sable sur la direction des boulets, pour ranimer la confiance de ses crédules soldats. Une femme s'élança vers son cadavre, et le lia à la queue d'un étalon arabe, qui s'enfonça dans le désert avec son horrible fardeau.

Ces détails ont été racontés par un Arabe au général Dumas, et nous ont été communiqués par son fils.

⁵ Jamais tu ne m'offris une si belle fête !

A la bataille d'Aboukir, lorsque Murat reçut l'ordre de charger, il s'écria : *Si jamais ennemis doivent être écrasés par ma cavalerie, ce sera aujourd'hui !* Le héros tint parole.

⁶ Vous êtes à mes yeux aussi grand que le monde.

La gêne du vers nous a malheureusement contraints d'altérer ces mémorables paroles de Kléber à Bonaparte, après la bataille d'Aboukir : *Général, vous êtes grand comme le monde !*

⁷ Serviront sans témoins son ombre impériale.

En parlant de ces trois *hommes* qui ont suivi l'exil de Napoléon, nous n'avons pas prétendu soustraire à l'admiration publique le nom du quatrième, qui s'offrit pour ce grand et douloureux sacrifice ; le nom de M. Las Cases est inséparable des trois autres : Bertrand, Gourgaud et Montholon. Si nous avons exprimé ici le nombre trois, c'est que nous avons voulu spécialement désigner ceux qui représentaient l'armée auprès de l'Empereur.

DU CHANT HUITIÈME.

Nous ne pouvons terminer ces Notes sans rapporter les noms des savans et des artistes qui ont jeté tant d'eclat sur l'expédition militaire d'Égypte.

GÉOMÉTRIE.

Fourrier. — Costaz. — Corancez. — Say.

ASTRONOMIE.

Nouet. — Quesnot. — Méchain fils.

MÉCANIQUE.

Monge. — Hassenfratz jeune. — Sirop. — Cassard. — Adnès père. — Conté. — Dubois. — Couvreur. — Lenoir fils. — Adnès fils. — Cécile.

HORLOGERIE.

Lemaître.

CHIMIE.

Berthollet. — Potier. — Champy fils. — Samuel-Bernard. — Descostils. — Champy père. — Regnault.

MINÉRALOGIE.

Dolomieu. — Cordier. — Rozières. — Victor Dupuy.

BOTANIQUE.

Nectoux. — Delille. — Coquebert.

ZOOLOGIE.

Geoffroy. — Savigny. — Redouté.

CHIRURGIE.

Dubois. — Labate. — Lacipière.

PHARMACIE.

Boudet. — Rouyer.

ANTIQUITÉS.

Pourlier. — Ripault.

ARCHITECTURE.

Norry. — Balzac. — Protain. — Hyacinthe Lepère.

DESSINATEURS.

Dutertre. — Denon. — Rigo. — Joly.

INGÉNIEURS DES PONTS ET CHAUSSÉES.

Lepère aîné, Girard, ingénieurs en chef. — Bodard. — Faye. — Martin. — Duval. — Gratien-Lepère. — Saint-Génis. — Lancret. — Févre. — Devilliers. — Jollois. — Favier. — Thévenot. — Chabrol. — Raffeneau. — Arnollet.

INGÉNIEURS-GÉOGRAPHES.

Jacotin, ingénieur en chef. — Lafeuillade. — Greslé. — Bourgeois. — Leduc. — Boucher. — Pottier. — Dulion. — Faurie. — Bertre. — Lecesne. — Lévèque. — Chaumont. — Laroche. Jomard. — Corabœuf.

SCULPTEUR.

Casteix.

DU CHANT HUITIÈME.

GRAVEUR.

Fouquet.

LITTÉRATEURS.

Parseval de Grandmaison. — Lerouge.

MUSICIENS.

Villoteau. — Rigel.

ÉLÈVES DE L'ÉCOLE POLYTECHNIQUE.

Viard. — Alibert. — Caristie. — Duchanoy.

INTERPRÈTES.

Venture. — Magallon. — Jaubert. — Raige. — Belleteste. — Laporte.

IMPRIMEURS.

Marcel. — Puntis. — Galland.

WATERLOO.

AU GÉNÉRAL BOURMONT.

Waterloo.

Il faut donc te rouvrir, tombe longtemps fermée !
Sanglante Josaphat de notre Grande-Armée !
Levez-vous, habitans des plaines de malheur !
Pour entendre aujourd'hui d'étranges infamies,
Il faut qu'après quinze ans vos cendres endormies
  Ressuscitent avec douleur !

On s'est tu jusqu'ici ; les pedans insulaires[1]
Venaient fouler aux pieds vos gazons tumulaires.

Waterloo.

Qu'importe ? ce plaisir amusait leur orgueil :
Ils allaient achetant, dans ce bazar des tombes,
Les débris anguleux des obus et des bombes
  Au pâtre qui vit du cercueil.

Et puis ils emportaient, crédules antiquaires,
Les trésors enfouis dans ces froids reliquaires,
Assemblage confus de fer, de plomb, d'airain ;
Et la foule stupide aux bords de la Tamise
Touchait avidement la dépouille conquise
  Dans ce muséum souterrain.

Il fallait ces hochets à leurs pauvres chroniques,
Au répertoire usé des fastes britanniques ;
Leurs exploits remontaient aux temps de Beaumanoir :
Comme un grand souvenir dont un peuple s'honore,
Ils en étaient réduits à répéter encore
  Les vieux contes du Prince Noir.

Waterloo.

Aussi, quand des combats la chance aléatoire [2]
D'une page douteuse habilla leur histoire,
L'Anglais la publia monté sur des tréteaux ;
De leurs drapeaux vainqueurs ils montraient la merveille
Comme des parvenus, mendians de la veille,
    Étalent leurs premiers manteaux.

Ils avaient un héros ! L'Homère de l'Écosse [3]
Jeta dans Hyde-Park le plan de son colosse ;
Le ciseau du sculpteur mentit en le créant :
Changeant en profil grec son anglaise effigie,
Il cuirassa de fer sa poitrine élargie ;
    Il fit du pygmée un géant !

Et les lords pèlerins, abandonnant leur île,
Se rendaient au champ belge où vainquit leur Achille ;
Ils allaient répétant : Waterloo, Wellington !
Ces mots, plus durs encore dans leur bouche bretonne,

Waterloo.

Coassaient comme un refrain d'un timbre monotone ;
    Toujours : Waterloo - Wellington !

Eh bien ! on souffrait tout ; et l'Europe assourdie
Leur laissait le plaisir de cette parodie.
Quel besoin, pour si peu, de venger nos héros ?
Pour ce futile affront, ombres chères et saintes !
Jamais nos tristes voix, nos généreuses plaintes
    N'oseraient tourmenter vos os.

Mais, outrage inouï dont la France tressaille !
Un homme, le sinon de la grande bataille,
Du trône militaire a conquis le pouvoir ;
Les Anglais l'ont voulu ; par sa main diffamée
Ils donnent lâchement un soufflet à l'armée.
    La venger, c'est notre devoir.

Vengeons-la ; disons tout ; qu'à notre vieille haine,
Qu'aux outrages passés l'affront nouveau s'enchaîne ;

Waterloo.

Dans cet hymne de deuil que chacun ait son prix,
Équitables témoins de cette grande lice,
En jugeant Wellington, vouons à son complice
    L'immortalité du mépris.

Reprenons pour nos morts toute leur part de gloire ;
Dans son intégrité rétablissons l'histoire.
Le temps n'a pas jugé la moderne Crécy :
Ce pompeux Waterloo que leur bouche raconte,
C'est notre Mont-Saint-Jean, nous l'adoptons sans honte ;
    Notre bataille, la voici...

Souvent, dans ces grands chocs qui brisent un empire,
Dans ce moment suprême où tout un peuple expire,
Quand, sur un même point, deux potentats rivaux
Poussent des tourbillons d'hommes et de chevaux,
Et que le monde attend, dans sa stupeur profonde,
Un grand événement qui va changer le monde ;

Waterloo.

Des signes précurseurs, au firmament écrits,
Parlent de l'avenir aux vulgaires esprits ;
Le ciel fait retentir, aux accords du tonnerre,
Le prologue effrayant du drame de la terre ;
Il annonce aux mortels, par cette grande voix,
Qu'il prend aussi sa part aux querelles des rois,
Et prédit par son deuil l'éclipse d'un grand homme,
Comme il fit pour César, Napoléon de Rome.

Ils ne faillirent point, ces éloquents signaux !
La nue avait ouvert ses profonds arsenaux ;
Dans les champs de Fleurus les torches de l'orage,
De nos soldats vainqueurs éclairaient le passage ;
Ils marchaient, et le bruit de leurs tonnerres lointains
Ressemblait à l'écho de leurs canons éteints.
Là, tout est citoyen, et cette foule immense
Dans son recueillement comme un seul homme pense.

Waterloo.

Hélas ! le temps n'est plus où leurs vieux bataillons
Combattaient l'ennemi dans des propres sillons ;
Leur fortune a changé ; leur courage est le même :
Tous savent que demain, dans un duel suprême,
Sous leurs aigles voilés de longs crêpes de deuil,
Des portes de la France ils défendront le seuil.
Un seul homme est parjure à ce pacte unanime :
Du drapeau que la gloire avait fait légitime,
Il s'éloigne, sans bruit, la veille d'un combat ;
De la foi militaire odieux apostat,
Comme, d'un pied furtif, dans l'ombre et le mystère,
Sort du lit conjugal une femme adultère ;
Dès que la nuit profonde a noirci l'horizon,
Dégradé par ses mains, rêvant la trahison,
Il s'est enfui. Demain, quand l'aube matinale
Ouvrira pour les chefs la tente impériale,
Dans ce noble cortège au grand conseil admis,
Un seul fera défaut… il est aux ennemis.

Waterloo.

Le traître s'est fait justice,
Il se chasse de nos rangs ;
Ah ! que son nom retentisse,
Maudit par les vétérans !
Reniant l'aigle des braves,
Qu'à Wellington, qu'aux Bataves
Il vende un honteux appui.
Grâce à la fuite d'un lâche,
L'armée est pure et sans tache ;
On combattra mieux sans lui.

La France toujours heureuse
Dans ses belliqueux désirs,
Du Rhin et de Sambre et Meuse
A fait appel à ses fils.
Puissant par sa renommée,
Sur le reste de l'armée
Plane ce corps immortel

Waterloo.

Que jamais on ne hasarde
Qu'au jour suprême, la Garde
Qui venait du Carrousel.

Epuisés d'une victoire
Qu'ils cueillirent en chemin,
Ils marchaient dans l'ombre noire,
Soucieux du lendemain ;
Parfois, dans les airs humides,
Au feu des éclairs rapides,
Scintillaient les aigles d'or,
Qui, de crêpe encor voilées,
Dans ces plaines désolées
Semblaient prendre leur essor.

La pluie aux gouttes glacées
Ruisselle des vêtements,
Des enseignes affaissées,
Du cou des chevaux fumants.

Waterloo.

Ralliés à leur bannière,
Les fantassins dans l'ornière
Traînent leurs pas ralentis,
Et les cavaliers plus sombres
Soulèvent, comme des ombres,
Leurs manteaux appesantis.

Voici les monts et les plaines
Que le chef leur a promis ;
Ils ont oublié leurs peines
En face des ennemis.
Nulle plainte ne s'élève,
On ne veut repos, ni trêve,
Ni sommeil, ni doux festins ;
Qu'importe l'eau qui ruisselle ?
Le Mont-Saint-Jean étincelle
Du feu des bivouacs lointains.
Les défenseurs britanniques

Waterloo.

Apparaissent sur les monts ;
Comme dans nos jeux scéniques
Errent de rouges démons.
On distingue à leur costume,
Ces soldats nés dans la brume,
Les Ecossais demi-nus ;
Au centre sont les Bataves,
Qui regrettent d'être braves
Et de nous avoir connus.

Et bientôt un vent magique,
Au premier rayon qui luit,
Découronne la Belgique
Des nuages de la nuit ;
Voyez, au-delà des crêtes,
Le noir manteau des tempêtes
Qui s'affaisse en larges plis ;
Salut, clarté d'espérance !

Waterloo.

Que Dieu protège la France!
C'est le soleil d'Austerlitz!

Calme imposant, que rien ne trouble encore,
Ni bruits confus dans la forêt sonore,
Ni villageois qui, d'un chant de gaîté,
Va saluant un beau matin d'été!
Bientôt, hélas! pour mourir et s'éteindre,
D'autres concerts, d'autres sons, d'autres voix,
Sur ce gazon que tant de sang doit teindre,
Retentiront pour la dernière fois.
Pompeux tableau de la puissance humaine!
L'Europe entière est là, dans cette plaine.
Entendez-vous ces belliqueux accords?
Le voyez-vous, bondissant dans l'espace,
L'aide-de-camp qui dicte un ordre et passe?
Une seule âme agite ce grand corps,
Tout est brillant, plein de vie et d'audace!

Waterloo.

O voyageurs qui suivez ce chemin,
Comme il est beau!... Venez le voir demain.

Tout tressaille à la fois : le signal militaire
Ébranle tous les cœurs d'un choc involontaire ;
C'est le premier canon, si distinct et si clair,
Quand rien ne trouble encor la pureté de l'air.
Le feu part de nos rangs ; sur la ligne écarlate,
En lumineux sillons la fusillade éclate ;
Les bruyans arsenaux ouverts dans les deux camps
Font jaillir à la fois leurs mobiles volcans :
La comète de fer, l'étincelante bombe,
Qui tombe en sciant l'air, tue et creuse une tombe ;
L'incendiaire obus, aux bonds irréguliers,
Qui du pied des chevaux remonte aux cavaliers :
Ainsi grince le vent ; sur le pont d'un navire
Avec un bruit pareil la voile se déchire.
Mais la voix qui commande, organe souverain,

Waterloo.

Fait tonner encor les trois cents voix d'airain ;
Sitôt que le boulet, de sang humain avide,
Dans les rangs labourés laisse un espace vide,
Les chefs encor debout, les officiers mourans,
Font entendre ces mots : Soldats, serrez vos rangs !

Quand le vent du matin soufflant sur notre armée,
Entr'ouvre lentement le dôme de fumée,
L'intelligent soldat tourne un œil scrutateur
Sur la haute colline où plane l'Empereur ;
Il est là : la bataille à peine commencée,
Il cerne l'horizon dans sa vaste pensée :
Il distingue, à travers le brouillard sulfureux,
Les plaines, les vallons coupés de chemins creux,
La lointaine forêt de pins et de mélèzes,
Les plateaux tout rougis des deux lignes anglaises ;
Tout est devant ses yeux : par le génie et l'art,
Il ravit pas à pas toute chance au hasard,

Waterloo!

Combine la victoire, et son œil semble lire
Sur ce grand échiquier où se joue un empire.[8]
Quelquefois cependant, le regard soucieux
Et l'oreille inclinée, il consulte les cieux.
Que fais-tu donc si loin Grouchy? Qui te retarde,
Excelmans, autrefois toujours à l'avant-garde?
Et Gérard, toujours prêt à marcher au canon?[9]
Et Vandamme! Et vous tous de si puissant renom?
Sans doute qu'en voyant votre marche trompée,
Vous brisez dans vos mains votre inutile épée,
Et que vous convoitez, remplis d'un saint courroux,
Cet horizon de flamme où l'on combat sans vous.

Il ne sera plus temps!... Vers les lignes bretonnes
Toute l'armée en feu s'ébranle en dix colonnes:
Jérôme le premier, vers leur droite poussé,
Veut que le sang d'un roi soit le premier versé;
Son aile qu'il entraîne au fond de la vallée,

Waterloo.

Emporté d'Hougoumont l'enceinte crénelée ;
En vain ses défenseurs cherchent l'abri des bois ;
Poursuivie et forcée une seconde fois,
L'élite des Anglais vers les monts se replie
Sous le choc foudroyant du roi de Westphalie.
Le centre de l'armée est accouru : d'Erlon
Prodigue ses boulets dans le creux du vallon,
Et sur le château-fort si redoutable encore,
Reille lance l'obus qui brise et qui dévore.

Montez sur le plateau, centre de l'ennemi ;
À vous, soldats de Ney, cuirassiers de Valmy,
Cavaliers de Milhaud ! partez, la charge sonne.

La voyez-vous passer l'accablante colonne ?
Ces centaures massifs aux gigantesques flancs,
À la tête de fer, aux pieds étincelans ;

Waterloo.

D'hommes et de chevaux épouvantable trombe,
En bloc elle s'élève, en bloc elle retombe,
Retentit sur les champs de son passage empreints,
Comme un son prolongé de tambours souterrains.
Le cou tendu, le sabre au niveau de la tête,
Tous du profond ravin remontent sur la crête,
Et, près de la couvrir de leur immense vol,
Sous les pieds des Anglais font palpiter le sol.
Voilà l'heure de mort ! Puissans hommes de guerre,
Consommez aujourd'hui le deuil de l'Angleterre !
Que de fois, en pleurant leurs fils et leurs époux,
Les femmes d'Albion se souviendront de vous !
Ils l'ont voulu : leur joie au moins sera complète ;
Ce n'est plus Fontenoy, bataille d'étiquette,
Où vos aïeux, cruels et courtois à demi,
Avant de l'égorger saluaient l'ennemi ;
Ce n'est point une lutte avec art nivelée,
C'est un duel farouche, une ardente mêlée ;

Waterloo.

On se voit face à face, on se prend corps à corps.
Le fer a soif du sang, la terre veut des morts.
Poussez à l'ennemi, point de coup qui l'effleure,
Visez à la poitrine où la plaie est meilleure ;
Décidez, sans prétendre à des exploits nouveaux,
Qui doit mourir ici des deux peuples rivaux.

La charge a retenti sur ces profondes masses :
Les balles des fusils glissent sur les cuirasses,
Comme en un jour d'été, dans les plaines d'Artois,
La grêle rebondit sur l'ardoise des toits.
Masse d'Anglais ! rempart vivant que rien n'entame,
Ni des hauts cuirassiers la foudroyante lame,
Ni les puissans chevaux sur la ligne élancés !
Ils résistent, debout l'un sur l'autre pressés ;
Dans ce carré de fer que la tactique enchaîne,
Nul Anglais ne s'émeut, ni d'effroi, ni de haine ;
Mais ce qu'à nos soldats inspire un noble espoir,

Waterloo.

Ce qu'ose l'héroïsme, il le fait par devoir.
La guerre est son métier ; dans un jour de bataille,
Pour gagner le salaire, il se bat... il travaille.
Peu soucieux de gloire, il subit le danger
Dans l'ignoble souci du boire et du manger,
Et de ses gras festins exigeant le partage,
Au sang de l'abattoir s'abreuve de courage ;
Pareil au journalier, automate banal
Qu'un statuaire adroit met sur un piédestal,
Si ses chefs l'ont voulu, dans sa gêne stoïque,
Il garde tout un jour une pose héroïque ;
Son œil n'exprime rien que la morne stupeur ;
Immobile soldat, sans courage et sans peur.

Longtemps nos cavaliers se brisent sur la ligne
De ces lourds fantassins, martyrs de leur consigne ;
Vingt fois sur ses longs dards, luisant épouvantail,
Les chevaux en délire enfoncent leur poitrail ;

Waterloo.

Mais comme de la mer la vague renaissante
Mine, à force de chocs, une digue puissante,
La colonne française, en rapides torrens,
Dans sa dernière charge écrase les deux rangs,
Et la mort, mille fois ou donnée, ou reçue,
Au milieu des carrés agrandit une issue.
En vain les Grands-Bretons immobiles et froids,
Se reforment plus loin en carrés plus étroits ;
En vain des autres monts regagnent ils la cime
Partout la main de fer les suit et les décime ;
L'orgueilleux Wellington, qui pâlit pour ses jours,
Cuirassé de soldats, étouffé de secours,
De son armée entière attend la dernière heure,
Donne des ordres vains, croise les bras et pleure.

Maintenant contemplez ce champ de Waterloo,
Montez sur ces hauteurs ; quel sublime tableau !

Waterloo.

Quel spectacle ! Voyez, que la bataille est belle !
Le centre des Anglais sous la Garde chancelle ;
Les Bataves, chassés du château d'Hougoumont,
Ont pris pour boucliers les crêtes de ce mont ;
Vingt mille Anglais, l'orgueil de leur plus forte élite,
Couchés après leur mort sur la ligne prescrite,
Ensanglantent le mont qui sera leur tombeau ;
L'aigle de Frédéric s'enfuit devant Lobau ;
Les bandes de vaincus, par la peur entassées,
De Bruxelle et d'Anvers inondent les chaussées ;
Anglais, Hanovriens, fantassins, cavaliers,
Débordent les côteaux, franchissent les halliers.
Ecoutez retentir, sur le terrain qui crie,
Le roulement d'airain du train d'artillerie ;
C'est une armée en fuite, un immense débris ;
Partout notre aigle plane ; entendez-vous ces cris
Qu'autour de l'Empereur l'enthousiasme inspire ?
C'est le cri des soldats quand ils sauvaient l'Empire,

Waterloo

Sublime Te Deum que leur tonnante voix
Fit retentir dix ans à l'oreille des rois!

C'est alors que sonna cette heure solennelle
Que Dieu marque du doigt sur l'horloge éternelle.
Alors se révéla cette terrible loi
Dont l'homme cherche en vain l'insoluble pourquoi,
Cette loi qui prescrit, sans le retard d'une heure,
Qu'un monarque s'éteigne et qu'un empire meure.
Le soir, on vit paraître à l'horizon lointain
Un Blucher, un vieillard, prête-nom du destin ;
Le ciel laissa tomber un atôme de sable
Sur le géant que tous jugeaient impérissable ;
L'aigle, sans Dieu, perdant son foudre accoutumé,
S'abîma dans la nue... et tout fut consommé.

Et vous qui, les derniers sous l'ombre tricolore,
Avez vu ce grand jour, et qui vivez encore!

Waterloo.

Répondez : dans ce chant n'avons nous rien omis ?
Avons-nous dit le nom de tous vos ennemis ?
Celui qui, seul de tous s'exilant de l'armée,
Ne fut pas dans vos rangs noirci par la fumée,
Qui de sa voix française entonnant l'air breton,
Le soir de la bataille embrassa Wellington,
Que fait-il ? Sur son front la honte est-elle écrite ?
A-t-il vu par nos lois sa famille proscrite ?[14]
Son écusson rompu, son champ semé de sel ?
Est-il banni de France ?

     Il est au Carrousel !
Le signe de l'honneur décore sa poitrine,
La garde du château, quand il passe, s'incline.
Pour payer Waterloo, les Anglais indécis,
Sur nos faisceaux guerriers à la fin l'ont assis ;
Les Anglais ! quand, cédant sa couronne échappée,
Le plus grand des vaincus leur rendit son épée,

Waterloo.

Pour lui le pain d'exil fut mêlé de poison ;
Mais toi, dans cette nuit de haute trahison,
Quand tu vins au foyer du peuple britannique,
Obscur machinateur, vendre ta foi punique,
L'Angleterre t'offrit, comme un droit mérité,
Le flétrissant honneur de l'hospitalité.
Et sa reconnaissance, à regret suspendue,
Te promit une part de la France vendue.
Eh bien ! elle a rempli son pacte avilissant.
On t'a jeté le prix de la terre de sang.
Depuis qu'une ordonnance attacha ta personne
Au faîte du pouvoir où le plus pur frissonne,
Ton courage impassible, aux affronts aguerri,
Supporte fièrement l'heure de pilori.
Aux publiques clameurs ton âme est résignée ;
Mais le moment approche où la France indignée
Enfin va t'accabler de son immense poids ;
Sous l'auguste portique où s'agitent nos lois,

Waterloo.

Quand ta bouche longtemps par la pudeur fermée,
Demandera de l'or pour solder ton armée.
Un cri retentira, signal de ton déclin,
Jusqu'au pont triomphal où combat Duguesclin; [15]
Tu verras, à ta voix, sur leurs bancs circulaires, [16]
Electrisés d'horreur nos tribuns populaires,
Et ton œil insolent se ternira d'effroi
A l'aspect de Gérard qui répondit de toi.

Va, rien ne peut casser l'immuable anathème;
Quand le peuple a maudit, son arrêt est suprême;
Sa justice inflexible interdit tout pardon;
Tu peux sur ta poitrine étaler un cordon;
Tu peux fléchir du roi la bonté paternelle;
Mais aux regards de tous la tache est éternelle.
Quatorze ans ne font point oublier ces forfaits;
La peine se prescrit, et la honte jamais.

Notes.

Notes.

"On s'est tu jusqu'ici ; les pesans insulaires.

Notre ami, M. Saintine, qui a visité l'été dernier le champ de bataille, et qui l'a étudié en observateur et en poëte, nous a écrit de Waterloo même une lettre que nous croyons devoir insérer ici. Elle justifiera quelques unes de nos assertions, et servira à faire connaître au lecteur l'état présent de ce lieu célèbre.

" Waterloo, 18 juin 1829.

" C'est à vous, mes amis, que je rendrai compte de mes émotions de ce jour. Elles furent nombreuses et fortes; et puisque Waterloo doit être le sujet d'un de vos poëmes, vous aurez fait avec moi ce triste pélerinage.

" Parti de Bruxelles de grand matin, après avoir traversé une partie de la forêt de Soignes et les villages de Waterloo et de Mont-Saint-Jean, je me trouvai enfin devant ce théâtre où sembla commencer et finir ce grand drame révolutionnaire; car dès 1794 les Français sous les ordres du général Lefèvre, illustraient déjà par deux combats, par deux victoires, la ferme de Mont-Saint-Jean et les murs de Waterloo.

« La plaine que j'avais sous les yeux est légèrement dominée par deux chaînes parallèles de monticules, dont la première s'élevant du village de Merk-Braine au village de la Haie, se vit occupée par les Anglais. L'armée française, sur les hauteurs qui lui font face, s'étendait sur une ligne courbe et concave, en appuyant sa gauche en avant de Braine-la-Leude, et sa droite sur le bois de Frichemont.

« Il y a quatorze ans, à pareil jour, cent cinquante mille hommes s'agitaient et mouraient sur ce terrain; aussi n'y voit-on plus aujourd'hui que des tombeaux et des trophées. Les premiers monuments qui s'offrirent à moi furent celui du Général Gordon, frère du comte d'Aberdeen, et celui des Hanovriens. Ils sont situés tous deux vis à vis l'un de l'autre, sur le bord de la route. Les Prussiens ont élevé le leur sous la forme d'un clocher gothique en fer. Un immense amas de terre, haut de deux cent vingt cinq pieds, représentant une pyramide à large base, et surmontée d'un énorme lion belgique qui regarde et semble menacer la France, est le monument triomphal des Belges. Il est construit sur ce fameux plateau où la cavalerie française enfonça les carrés anglais, et il y entra comme matériaux cent mille charretées de terre et dix mille cadavres. Wellington seul dédaigna, pour éterniser sa gloire, l'érection d'une colline ou d'un obélisque, car le marbre et le fer cèdent au temps ; mais il s'adjugea modestement la victoire.

« Ce que je puis vous décrire, mes amis, c'est l'impression poignante que je ressentis, lorsque, du haut de la pyramide, je pus embrasser le terrain d'un coup d'œil et suivre à loisir, sur l'excellente relation de M. Mortonval, les mouvements des deux armées. Quoique je ne connusse que trop le funeste dénouement de Waterloo, en voyant passer devant moi toutes ces chances de fortune que le génie de Napoléon et la valeur des soldats avaient créées dans cette longue journée ; en suivant sur le champ de bataille les mouvements progressifs des Français, me figurant leur ardeur, leur impétuosité, voyant la ligne anglaise ébranlée, le chemin de Bruxelles déjà couvert de fuyards, Wellington lui-même ne s'armant déjà plus que du courage de la résignation, j'oubliais Blücher ! et croyais encore que la victoire allait rester à la France.

Notes

« J'étais encore dans la stupéfaction du réveil, lorsque je fus distrait par l'arrivée d'étrangers, qui avec leurs guides, vinrent prendre place auprès de moi. Il y avait parmi eux des Français, des habitants de Bruxelles, et surtout des Anglais. L'un de ces derniers, qui aussi bien que les autres, avait payé le guide pour qu'il lui racontât sa victoire, fut d'abord très attentif lorsque le cicerone lui nomma, en les lui désignant du doigt, les hauteurs, les versans et les ravins occupés par les armées, mais sitôt que le narrateur eut commencé la bataille et expliqué comment la gauche des Français attaqua et délogea d'abord les alliés du bois d'Hougoumont, l'honnête gentleman, qui n'était pas venu à Waterloo pour entendre médire des Anglais, fit aussitôt un demi-tour à droite, et passant derrière le piédestal du lion belgique, s'y promena quelque temps pour donner au narrateur le temps d'en finir avec son bois d'Hougoumont. Il revint bientôt se mêler au groupe d'auditeurs, mais au côté opposé à celui d'où il était parti. Il entendit alors, avec une satisfaction marquée, raconter la charge brillante de la cavalerie de Ponsonby sur l'infanterie française du centre; mais lorsqu'il vit pour résultat les cavaliers enveloppés, écrasés, les généraux Ponsonby et Picton tués, les Français maîtres de La Haie-Sainte, il fit un demi-tour à gauche, et retourna derrière son lion, exhaler sa mauvaise humeur. Puis il se risqua de nouveau, mais alors les artilleurs anglais abandonnaient leurs pièces, les carrés étaient entamés, plusieurs régiments tourbillonnaient en pleine déroute. Le grave Breton n'y tint plus; cette fois il n'alla pas chercher un refuge derrière le piédestal; et sans attendre Blucher, il descendit les 225 marches de la montagne, indigné, sans doute, de ce qu'aux yeux mêmes d'un misérable guide, la vérité historique était encore plus respectable que les Anglais.

« Nous allâmes de là visiter ce célèbre château d'Hougoumont, dont la guerre a fait une ruine. Les arbres qui l'entourent sont mutilés par la mitraille et les boulets; de nouvelles portes viennent d'y être placées; mais on assure que les anciennes étaient tellement criblées et déchiquetées par les balles, qu'elles ressemblaient à un tamis. Les Français perdirent beaucoup de monde avant de pouvoir s'emparer d'Hougoumont; une forte haie qui, du côté qu'ils attaquaient, masquait un mur dont ils ignoraient l'existence, leur fit longtemps épuiser infructueusement tout le feu de leur mousqueterie. Deux fois ils pénétrèrent dans les cours, et deux fois ils furent repoussés. Enfin ils s'en rendirent maîtres; mais déjà l'incendie dévorait cette vieille construction, et un grand nombre de blessés furent écrasés et brûlés sous les décombres. La chapelle seule fut préservée. Les paysans, comme vous le pensez bien, ne manquèrent pas de crier au miracle, et aujourd'hui le guide nous raconta comment, lorsque de longues colonnes de flamme après avoir détruit les bâtiments principaux, se dirigeaient vers la chapelle, elles s'arrêtèrent et s'anéantirent tout à coup à la vue d'un énorme Christ de bois qui en surmonte la porte à l'intérieur. Je vérifiai moi-même le miracle. La chapelle était intacte; mais le Christ avaient les pieds brûlés.

« En revenant d'Mongoumont, nous rencontrâmes des femmes qui voulurent nous vendre des tronçons d'armes, des débris d'obus et des balles de fusil. On m'avait dit que les habitans de ce pays en tenaient fabrique. Je me rappelais la mystification des trente mille Othons grand bronze vendus aux Anglais par les Italiens modernes, faux monnoyeurs de l'antiquité. Je consultai mon guide ; il me dissuada. « Dans les premières années, me dit-il, en labourant la terre nous trouvions une telle quantité de balles et de débris, que nous ne les ramassions que pour les vendre à la livre. Aujourd'hui encore, avec un peu d'attention, on en découvre en grand nombre. Ce n'est plus là dessus que nous pouvons spéculer : cela est devenu trop commun. Mais si vous êtes curieux d'acheter des têtes, j'en ai là quelques-unes bien nettoyées, et que je vous céderai. — Comment, des têtes !... m'écriai-je ; vous vendez des têtes ? — Les Anglais nous en emportent beaucoup » me répondit-il froidement.

« Il m'expliqua par quel moyen il se les procurait. Nous arrivions en ce moment devant la Haie-Sainte. « Vous voyez, me dit-il, en me montrant un grand champ de seigle à droite ; tous ces épis ne sont pas de même couleur ; il y a là des places entières d'un vert plus foncé, plus noirâtre que les autres, c'est là que sont les fosses. Il en est ainsi presque dans toute la plaine, et lorsque nous voulons quelques ossements, quelques têtes, nous remarquons l'endroit, nous attendons le soir et nous fouillons. »

« Je quittai ce spoliateur de tombes de héros pour entrer à la ferme où je devais dîner. Tout y respirait la joie et le plaisir ; car c'est fête aujourd'hui ! Il y avait dans la cour de jeunes villageoises fort vives qui riaient et chantaient ; un bon dîner m'attendait dans une salle à manger très propre, car la propreté est le luxe du pays ; et moi, je venais de visiter un petit jardin charmant où tout était fleurs et parfums. Eh bien! mes amis, cette ferme était celle de la Haie-Sainte, la tête du centre anglais, où l'action fut la plus vive et la plus meurtrière. Ces cours avaient été jonchées de cadavres; c'est dans cette salle à manger qu'on s'est massacré pendant l'action et qu'on avait amputé les blessés après. Et dans ce jardin gazonné et doux fleurant, les Français, ivres de sang et de poudre, avaient égorgé quatre cents Hanovriens qui leur criaient grâce! Les arts ne vivent que de contrastes, mais il faut en excepter la gastronomie. On dîne mal face à face avec de pareils souvenirs.

"Je couche à Waterloo, où Wellington avait établi son quartier-général. Il logeait près de l'auberge de Jean de Nivelles. La petite église de Waterloo a ses murs entièrement recouverts de cénotaphes en marbre, consacrés, par les différents corps de l'armée anglaise, à leurs officiers morts pendant le combat. Le cimetière renferme aussi plusieurs tombes creusées le lendemain de ce grand jour, et j'ai lu dans un jardin de la ville l'inscription tumulaire qui recouvre la jambe du comte d'Uxbridge; etc., etc., etc."

[2] Aussi, quand des combats la chance aléatoire.
Croirait-on que l'exaltation produite par l'heureux coup de dés de Waterloo soit encore à Londres dans

toute son intensité ? Pendant que les Français font de beaux cours de philosophie pour se prouver que les deux peuples rivaux se sont donné la main, que les haines nationales de peuple à peuple sont ridicules, et contraires à l'esprit grave de l'époque, les Anglais, très philosophes aussi, persistent dans le statu quo de leurs vieilles rancunes, et nous regardent du même œil qu'au temps de Jeanne d'Arc et de Jean Chandos. Nous en sommes toujours pour nos avances de courtoisie ; elles nous coûteront cher dans l'avenir. D'ailleurs les Anglais prennent nos avances pour une soumission de peuple vaincu ; et si de leur côté ils balbutient quelquefois les mots d'union, de paix philosophique entre peuples, c'est de cet air de bon sens protecteur que le fort prend devant le faible. Leur gouvernement, qui n'est point du tout philosophe, croit qu'il est de sa politique d'entretenir la haine nationale de John Bull, lequel est merveilleusement porté à seconder les vues de son gouvernement. Qu'on nous permette un parallèle entre les deux peuples, parallèle qui se rattache à notre sujet.

Si, après avoir battu les Anglais à Waterloo, ainsi que nous l'avons fait, nous fussions restés maîtres du champ de bataille, l'enthousiasme aurait éclaté dans Paris. Nos auteurs dramatiques du Cirque auraient composé un mimo-drame qui, après cinquante représentations, serait rentré dans le néant. On aurait vu dans cette pièce ce qu'on voit partout, des soldats qui s'entre-fusillent, et une intrigue d'amour jetée à travers tout cela; mais ni Wellington, ni Bligton, ni Picton, ni aucun ennemi nominativement amené. Notre peuple des boulevards aurait applaudi les Français et plaint les Anglais, avec ce bon sens et ce tact qui les caractérisent.

Que s'est-il passé à Londres? D'abord il a été généralement admis que Wellington avait battu Napoléon sans le secours de Blucher, et Walter Scott a fait un centième roman pour le prouver. Alors leurs auteurs dramatiques, dont le meilleur ne vaut pas M. Crapamaud, ont composé des pièces ignobles, dans lesquelles on traite de lâches ces cuirassiers de la Garde qui, à jeun depuis deux jours, ont tué à coups de sabre quinze mille Anglais bien repus de vin et de bœuf. On a représenté ces misérables productions de la barbarie anglaise sur le théâtre d'Astley. On les a représentées il y a quinze ans, et, chose incroyable! elles n'ont point encore lassé aujourd'hui la curiosité britannique.

3 Ils avaient un héros! l'Homère de l'Écosse.

Pour comprendre jusqu'à quel degré de folie la gravité anglaise peut descendre, il faut avoir vu cette caricature d'airain étalée sur piédestal à Hyde-Park : le vaincu de Waterloo déguisé en Achille ! On nous a conté à Londres que, peu de temps après l'inauguration de cette mascarade, de jeunes Français, plus patriotes que prudens, renversèrent pendant la nuit le colosse menteur. Les traces de ce glorieux sacrilège furent promptement effacées ; la statue remonta sur son piédestal ; mais elle avait passé six heures dans la poussière, comme l'original à Waterloo.

« Reprenons pour nos morts toute leur part de gloire.

Ce jugement, porté sur Wellington et la bataille, n'émane pas de nous, pauvres poëtes, fort ignorans en stratégie. Vingt autres, avant nous, ont démontré victorieusement que sir Arthur Wellington a vu sa ligne enfoncée sur le plateau de la Haie-Sainte, qu'à six heures du soir sa bataille était perdue, et que la chaussée de Bruxelles était inondée de bagages et de fuyards. Après cela, c'est bien la peine de se faire couler en bronze ! Il est encore évident aujourd'hui, et vrai comme axiome, que, sans l'arrivée inattendue et non calculée de Blucher, le peu d'Anglais qui avait échappé au sabre des cuirassiers serait resté sur la Haie-Sainte. Il est à remarquer que, dans toutes les grandes batailles qui ont changé le sort d'une nation, la victoire se décida au tomber du jour par un incident qui n'avait pas été prévu.

⁵ Un seul homme est parjure à ce pacte unanime.

A Waterloo, la trahison a plus fait encore contre la France que l'arrivée de Blucher, machine septuagénaire sans idée et sans volonté. Nous voulons bien admettre un instant que le général Bourmont, en passant à l'ennemi, ne lui ait porté ni cartons, ni plans, ni secrets, qu'il ait tout simplement cédé à l'impulsion de son vieux cœur chouan; quoique le moment fut mal choisi pour obéir à son cœur; mais on mesurera sans peine le terrible effet moral que cette désertion exerça sur une armée qui se souvenait de Leipsik. C'est pour cela que la faute de M. de Bourmont est si odieuse; il suffisait que le soldat fut instruit officiellement d'une seule trahison, pour qu'il en supposât vingt, pour qu'il en supposât cent; de là ce découragement funeste qui se propagea plus rapidement encore aux approches de la nuit.

« M. de Bourmont avait été placé dans l'armée par le prince de Neufchâtel. En 1813, au moment de l'arrivée en Allemagne, du corps du général Grenier, qui venait d'Italie, il fut attaché comme adjudant-commandant à l'état-major du maréchal Marmont, chef du 11ᵉ corps. Lors de la reprise des hostilités, en août, les 3ᵉ, 5ᵉ et 11ᵉ corps ayant été mis sous les ordres de ce maréchal, le général Gérard eut le commandement du 11ᵉ, et M. de Bourmont se trouva ainsi employé près de lui. En septembre, même année, l'Empereur passa une revue du 5ᵉ corps, près de Bischofswerda; très content de ce corps d'armée, il accorda au général Gérard un grand nombre de récompenses pour les officiers et soldats. Ce général, saisissant le moment où l'Empereur lui témoignait publiquement sa satisfaction, demanda le grade de général pour M. de Bourmont, qu'une blessure retenait à Dresde. Le renom que M. de Bourmont s'était acquis dans la chouannerie n'était pas de nature à prévenir l'Empereur en sa faveur; mais le général Gérard fit valoir avec tant de chaleur le dévouement et la bonne conduite de cet officier, que l'Empereur finit par lui accorder le grade de général, vainement demandé jusque-là pour lui par Macdonald et Berthier.

« Après les malheurs qui terminèrent cette campagne, l'Empereur ayant confié les corps de réserves de Paris au comte Gérard, celui-ci, satisfait de M. de Bourmont, obtint encore pour lui le commandement d'une de ses brigades.

« En février 1814, les corps du maréchal Victor et du général Gérard ayant dû repasser sur la rive droite de la Seine, et le général Gérard qui faisait l'arrière-garde, voulant retarder le plus possible le passage de la Seine par l'ennemi à Nogent, résolut de défendre cette ville ouverte en établissant des traverses dans les rues, en crénelant les maisons, etc. On n'avait que quelques heures. Le général Bourmont, avec deux bataillons, fut chargé de cette défense, et s'en acquitta de la manière la plus brillante. Les ennemis perdirent plus de deux mille hommes dans l'attaque. M. de Bourmont fut grièvement blessé. Combien de fois, depuis 1815, a-t-il dû regretter une mort qui eût été glorieuse ?

« Aussitôt que l'Empereur fut informé de la résistance opiniâtre de Nogent, il envoya au comte Gérard le brevet de général de division pour M. de Bourmont ; il n'y avait que quelques mois qu'il était encore adjudant-commandant. L'Empereur, en lui donnant ce rapide avancement, semblait vouloir prouver qu'il savait à la fois récompenser les belles actions et dompter ses propres préventions.

« À la Restauration, M. de Bourmont fut nommé au commandement de la division militaire à Besançon. Le maréchal Ney commandait dans cette partie de la France : M. de Bourmont se trouva sous ses ordres; circonstance qui eut plus tard les suites les plus funestes pour tous les deux. On se rappelle le procès du brave des braves...

« Pendant les Cent-Jours, M. de Bourmont sollicita vivement auprès du ministre de la guerre d'être employé activement dans l'armée. Se voyant rudement repoussé par le maréchal Davoust, il eut recours à son ancien chef Gérard; mais ce dernier ne put vaincre la répugnance de Davoust. Il s'adressa alors directement à l'Empereur, et, secondé par le maréchal Ney, les généraux Flahaut et Labédoyère, il parvint à obtenir, de ce prince, le commandement d'une des divisions du 4ᵉ corps pour le général de Bourmont. L'Empereur avait été indisposé contre M. de Bourmont pour des propos tenus dans le faubourg Saint-Germain; mais les instances de son protecteur triomphèrent. L'Empereur estimait à la fois, dans le général Gérard, le caractère, les talens, la brillante bravoure et le sang-froid dans les dangers. Il avait sur lui de grandes vues.

« En vain Davoust soumit-il à l'Empereur de nouvelles observations, Bourmont fut chargé du commandement de la 3ᵉ division du 4ᵉ corps qui se formait à Metz. Il partit aussitôt pour son poste; c'était dans le commencement d'avril.

Notes

« Le 4ᵉ corps, sous les ordres de Gérard, se mit en marche le 11 juin, pour se porter sur la Sambre. Le 14 il était en position à Philippeville : là il reçut l'ordre de l'Empereur de se porter au Catelet pour y passer la Sambre. La division Bourmont formait tête de colonne ; son quartier général était à Florennes, village à deux lieues en avant de Philippeville. Dans la soirée du 14, ce général fit la reconnaissance du terrain dans le plus grand détail, et donna tous les ordres nécessaires pour la sûreté de ses troupes et la marche du lendemain.

« Le 15, à quatre heures du matin, les troupes prirent les armes ; à cinq heures et demie, M. de Bourmont monta à cheval accompagné de son chef d'état-major le colonel Clouet, d'un autre officier d'état-major M. Villoutrays, et de trois aides-de-camp ; un brigadier et six chasseurs à cheval servaient d'escorte. Ce groupe se porta en avant comme pour reconnaître le chemin. Au bout d'une demi-lieue, le général Bourmont renvoya, sous divers prétextes, deux de ses chasseurs au commandant de sa première brigade, et peu après il congédia les autres chasseurs, remettant au brigadier deux lettres pour le comte Gérard ; et chargeant ce cavalier de dire au général de la première brigade qu'il allait rejoindre Louis XVIII. Le brigadier le vit parlementer avec les avant-postes prussiens, et passer à l'ennemi avec ses officiers.

« Aussitôt que le loyal Gérard eut connaissance de cet événement, il se rendit au galop sur le front de la 3ᵉ division. Les soldats étaient animés de fureur. Le général en chef confia la conduite de la division au général Hulot qui commandait la 1ʳᵉ brigade. En ce moment venaient d'arriver du Champ-de-Mai les officiers, sous-officiers et soldats qui y avaient été envoyés pour recevoir les nouvelles aigles. Le général en chef en les remettant aux troupes, et après leur avoir exprimé énergiquement toute l'indignation dont il était pénétré contre M. de Bourmont, leur dit :

« Soldats de la troisième division,

« Voici les nouvelles aigles que l'Empereur confie à votre valeur : celles d'Austerlitz étaient usées par quinze ans de victoires ; voici l'instant de donner de nouvelles preuves de votre brillant courage : l'ennemi est devant vous, la France vous contemple. »

« Le discours fut accueilli par des cris mille fois répétés de : vive l'Empereur ! Le lendemain ces mêmes soldats furent vainqueurs à Fleurus. »

Notes

⁶ *Et bientôt un vent magique.*

Une tempête effroyable dura pendant toute la nuit qui précéda la bataille. Les Anglais qui bivouaquaient déjà sur place, au milieu de la journée du 17, en souffrirent beaucoup moins que les soldats de Napoléon, qui, encore en marche, étaient loin de songer à s'abriter contre l'orage. Durant cette longue obscurité, interrompue seulement par la lumière rapide des éclairs, les Français manœuvraient sous des torrents de pluie, dans des chemins fangeux, défoncés sous le poids de l'artillerie, et n'entrèrent définitivement en ligne sur les hauteurs de la Belle-Alliance que dans la matinée du 18. A la pointe du jour, le maréchal Ney, après avoir parcouru le front de l'armée, se rendit vers l'Empereur, qui déjà comptait sur la victoire, malgré l'infériorité de ses forces, et lui annonça que Wellington ne paraissait pas disposé à tenter les chances de la bataille. A neuf heures, la pluie cessa, le ciel s'éclaircit; nos soldats joyeux crurent saluer le soleil d'Austerlitz, et Napoléon, qui craignait de voir l'ennemi lui échapper, le retrouvant encore dans les mêmes positions s'écria: « Ah! je les tiens donc ces Anglais! » Le vieux Blücher devait venir les lui arracher des mains, et donner un démenti aux calculs du génie.

de Waterloo.   319

7 L'intelligent soldat tourne un œil scrutateur.

Cette colline est située à gauche de la grande route et à hauteur de la Belle-Alliance ; c'est de là que Napoléon expédia ses ordres pour la bataille. Il se trouvait ainsi au centre de son armée, tandis que Wellington, occupant encore son quartier-général dans la petite ville de Waterloo, située à deux milles de son corps d'armée, prouvait que, s'il avait manqué de prudence en acculant ses soldats sur une forêt, qui en cas d'échec compromettait leur salut à tous, il avait pris du moins des mesures très sages pour commander la retraite en personne, et arriver le premier à Bruxelles.

8 Sur ce grand échiquier où l'on joue un empire.

C'est un mot de Napoléon ; à la bataille de la Moskowa, il dit : J'attends de voir plus clair sur mon échiquier.

9 Et Gérard, toujours prêt à marcher au canon ?

Nous rappelons ici l'énergique expression militaire du général Gérard.

10 Emporte d'Hougoumont l'enceinte crénelée.

Entre les deux chaînes parallèles sur lesquelles étaient postées les deux armées, on trouve, dans le vallon, le château ou ferme d'Hougoumont, belle retraite couronnée de bois, et qui fut complètement dévastée dans ce grand jour. Le général anglais avait jeté dans Hougoumont ses meilleures troupes. Elles en furent chassées par Jérôme qui commandait l'aile gauche de l'armée française. Ce prince se couvrit de gloire à Waterloo. À la nuit, quand le désordre se mit dans ses rangs il s'écria avec l'accent de l'héroïsme : « Ici doit périr tout ce qui porte le nom de Bonaparte ! ».

11 Consommez aujourd'hui le deuil de l'Angleterre.

Voici le relevé officiel des pertes éprouvées par les Anglo-Bataves et les Prussiens pendant les journées des 16, 17 et 18 juin 1815 :

Anglais	10,981	Rapport de Wellington
Hanovriens	2,757	du 29 juin 1815
Légion allemande	1,900	États par régiment.
Brunswickois	2,000	
Nassau	3,100	Rapport du prince Bernard
Hollandais et Belges	4,136	d° du prince d'Orange
Prussiens	33,132	d° des généraux prussiens.
dont 25,000 à Ligny.		
	58,006 h.	

12 L'orgueilleux Wellington, qui pâlit pour ses jours.

Tous les historiens s'accordent à dire que Wellington, voyant tomber ses soldats autour de lui, versa d'abondantes larmes. Son patron Achille en versait aussi, mais de colère et dans sa tente; au milieu d'une bataille, il n'en faisait répandre qu'aux Troyens. Si le général anglais a pleuré par un sentiment d'humanité, comme on veut nous le faire croire, ce sentiment ressemble beaucoup aux émotions d'une femme.

[13] Partout notre aigle plane; entendez-vous ces cris.

Ici se termine notre bataille de Mont-Saint-Jean : il est six heures du soir; les Anglais sont battus, notre chant de vengeance est terminé. Tout ce qui se passe à l'arrivée de Blucher entrait aussi peu dans notre plan que dans celui de Wellington.

[14] A-t-il vu par nos lois sa famille proscrite?

Personne n'ignore que, d'après les lois de l'ancienne chevalerie, le coupable, convaincu de haute trahison, avant de subir le dernier supplice, voyait le bourreau briser à coups de hache son écu et son blason. Des prêtres, en lançant l'anathême, chantaient sur lui la prière des morts; une main infamante lui imposait un baptême ignominieux, pour détruire sur son front et sur sa joue l'onction du preux et le baiser fraternel. Sa maison était rasée, son champ semé de sel, son nom maudit. Nous avons encore des chevaliers; mais, dans le cas de félonie et de déloyauté, à défaut du bourreau, ce n'est plus que l'opinion publique qui leur imprime sur le front le sceau réprobateur.

¹⁵ *Jusqu'au pont triomphal où combat Duguesclin.*

La statue du célèbre connétable qui battit les Anglais vient d'être placée nouvellement sur un des appuis du pont Louis XVI, qui fait face au palais de la Chambre des Députés.

¹⁶ *Tu verras, à ta voix, sur leurs bancs circulaires.*

« L'Empereur, le 16 au matin, aussitôt que nous fûmes à la hauteur de Fleurus, se porta au galop sur la ligne des tirailleurs, et, pour mieux reconnaître la position de l'ennemi, il monta dans un moulin qui se trouvait en avant de cette ligne, et sur notre droite. Dans ce moment j'aperçus le général Gérard dont le corps d'armée venant de Metz avait passé la Sambre au Catelet; j'en informai l'Empereur qui le fit appeler aussitôt. *Eh bien! Gérard*, lui dit-il, *votre fameux Bourmont est donc redevenu chouan? Davoust avait bien raison de me dire qu'au moment du danger cet homme nous abandonnerait.* Gérard exprima à Sa Majesté combien il regrettait d'avoir été le protecteur de cet officier. « Mais, ajoutait-il, il s'était si bien « conduit jusque-là, il me paraissait si sincèrement dévoué à « Votre Majesté, que tout autre à ma place eût été également « trompé. » L'Empereur répéta alors ce qu'il avait déjà dit à Ney sur le même sujet : *Les blancs sont blancs, et les bleus sont bleus.* »

(*Extrait du Journal du général Gourgaud.*)

LE FILS DE L'HOMME.

APRÈS la publication de notre dernier poëme, *Napoléon en Égypte*, nous crûmes devoir en faire hommage aux membres dispersés de la famille impériale. Des exemplaires de cet ouvrage furent adressés à Rome, à Florence, à Trieste, jusqu'à Philadelphie; et, nous ne craignons pas de l'avouer, des suffrages augustes récompensèrent notre bon souvenir, et quelques lettres honorables nous furent écrites par des mains qui avaient long-temps signé des décrets. Nous conçûmes alors le désir de tenter une nouvelle dédicace auprès d'un prince que des affections plus intimes attachent plus particulièrement à notre héros. Cette idée nous obséda quelque temps, et finit par nous entraîner : tandis que l'un de nous allait, sur le sol natal, rétablir une santé usée par les veilles, l'autre quittait Paris pour se rendre à Vienne, dans l'espoir de parvenir jusqu'au jeune duc de Reichstadt, et de lui offrir un exemplaire de *Napoléon en Égypte*.

Cette entreprise, purement littéraire et tout-à-fait inoffensive, n'a pu obtenir aucun résultat : il fallut reculer devant des obstacles politiques, et le poëte voyageur est revenu dans sa patrie, sans avoir recueilli le fruit de sa course aventureuse.

PRÉFACE

ou

PROFESSION DE FOI.

Heureux d'avoir inscrit les chants d'une épopée
Sur la colonne antique où repose Pompée,
J'ai voulu répéter aux oreilles d'un fils
La gloire paternelle aux plaines de Memphis ;
C'est là tout le complot de mon pèlerinage :
De nobles souvenirs modeste témoignage,
J'allai pour confier au pupille d'un roi
Un livre que la France avait lu sans effroi.
O vous qui, ralliés autour du blanc panache,
Avez toujours suivi la bannière sans tache,
Serviteurs éprouvés du trône et de l'autel
Sur la terre d'exil non moins qu'au Carrousel,

PRÉFACE.

Dans nos cœurs moins parfaits souffrez quelque faiblesse,
Moins purs que vous, moins pleins de vie et de jeunesse,
De nos vieilles erreurs conservant le levain,
Nous contemplons parfois un simulacre vain.
Vous ne l'ignorez pas ; un coupable délire
Accueillit en naissant l'héritier de l'Empire ;
Idole quand la France adorait de faux dieux,
Nous lui gardons encore un souvenir pieux ;
Charles, qui le premier a droit à notre hommage,
Nous permet d'encenser une innocente image ;
Instruit par l'infortune, il pardonne à l'erreur
D'une fidélité qui survit au malheur.
Hélas ! je pris la vie au milieu d'un orage [1] ;
Rien ne me révélait l'histoire de notre âge,
Et la gloire présente à mes yeux éblouis
Déroba bien long-temps les fils de Saint-Louis.
Pourtant, j'entrevoyais leur antique effigie
Comme les fictions d'une mythologie ;

PRÉFACE.

J'avais lu vaguement, dans Monsieur Le Ragois [2],

Que la faveur du ciel nous conservait des rois ;

Mais, tout en déplorant leur race dispersée,

J'ignorais les détails de leur longue Odyssée,

Sur quel sol protecteur, sous quels lointains abris

Respiraient librement les augustes proscrits.

Soumis aveuglément au droit de la puissance,

Je ne me doutais pas, dans mon adolescence,

Que l'héritier des Lis, exilé de Mittau,

Régnait, chez les Anglais, dans un humble château,

Et que, depuis vingt ans, sa bonté paternelle

Rédigeait pour son peuple une charte éternelle ;

Aussi, quand le vrai roi, dans Paris ramené,

Apparut comme un astre à son peuple étonné,

Long-temps, comme étranger au sein de ma patrie,

Conservant malgré moi ma vieille idolâtrie,

Je suivais de l'erreur le labyrinthe obscur ;

Aujourd'hui même encore, instruit par l'âge mûr,

Dans les doutes nouveaux où mon esprit s'enfonce,
Souvent je m'interroge et reste sans réponse;
Comme un frêle canot qui flotte sur les mers,
Sceptique irrésolu, je m'égare et me perds;
Mais bientôt revenant à la saine doctrine,
Honteux de mes erreurs, je frappe ma poitrine;
Vainement la raison combat le droit public,
Elle tombe vaincue aux pieds de Metternich,
Et, bien que nourrissant un doute involontaire,
De la foi politique adore le mystère.

LE FILS DE L'HOMME.

Poète aventureux, dans mon lointain essor [3],
A la cour de Pyrrhus j'ai vu le fils d'Hector;
Oui, j'osai pénétrer dans la ville chrétienne
Que signalé de loin la tour de Saint-Étienne :
Ce fleuve est le Danube, ami de ses remparts;
C'est ici la maison où dorment les Césars;
Voici l'écusson jaune, emblème de victoires,
Où l'aigle au double front étend ses ailes noires,

Et là, vers l'escalier qu'un Bohême défend,

S'ouvre la galerie où repose un enfant.

Que vous dirai-je encore ? A mes lèvres glacées

Épargnez le récit de mes douleurs passées :

Un pouvoir ombrageux veillait autour de lui ;

Je l'ai vu, mais de loin ; étranger sans appui,

Au seuil de son palais, sans en toucher les dalles,

Triste, j'ai secoué mes poudreuses sandales,

Et je n'ai même pu recueillir une fois

Le son de sa parole et l'accent de sa voix [4].

Écoutez cependant : La nuit était venue,

Le peuple, du théâtre inondait l'avenue ;

Et moi, Français obscur, par la foule conduit,

Sur un siége isolé je me jette sans bruit.

J'écoutais vaguement et je voyais à peine :

Les héros de Schiller s'agitaient sur la scène [5] ;

DE L'HOMME.

A l'ovale contour des gradins spacieux,

Sur une triple ligne étincelaient des yeux;

Dans le fond de l'arène, à peine contenues,

Comme un pavé mouvant sortaient des têtes nues;

Au centre, aux deux côtés, de l'un à l'autre bout,

Partout était le peuple, et le calme partout.

Bientôt, dans une loge où nul flambeau ne brille,

Arrivent gravement César et sa famille,

De princes, d'archiducs, inépuisable cour,

Comme l'aire d'un aigle ou le nid d'un vautour.

On lisait sur leur front, dans leur froide attitude,

Les ennuis d'un plaisir usé par l'habitude;

Un lustre aux feux mourans, descendu du plafond,

Mêlait sa lueur triste au silence profond;

Seulement par secousse, à l'angle de la salle,

Résonnait quelquefois la toux impériale [6].

Alors un léger bruit réveilla mon esprit :

Dans la loge voisine une porte s'ouvrit,

Et, dans la profondeur de cette enceinte obscure,

Apparut tout-à-coup une pâle figure;

Étreinte dans ce cadre, au milieu d'un fond noir,

Elle était immobile, et l'on aurait cru voir

Un tableau de Rembrand chargé de teintes sombres

Où la blancheur des chairs se détache des ombres.

Je sentis dans mes os un étrange frisson;

Dans ma tête siffla le tintement d'un son;

L'œil fixe, le cou raide, et la bouche entr'ouverte,

Je ne vis plus qu'un point dans la salle déserte :

Acteurs, peuple, Empereur, tout semblait avoir fui,

Et, croyant être seul, je m'écriai : C'est lui !

C'était lui... Tout-à-coup la figure isolée,

D'un coup d'œil vif et prompt parcourut l'assemblée :

Telle, en éclairs de feux, jette un reflet pareil

Une lame d'acier qu'on agite au soleil;

Puis, comme réprimant un geste involontaire,
Il rendit à ses traits leur habitude austère,
Et s'assit. Cependant mes regards curieux
Dessinaient à loisir l'être mystérieux :
Voyez cet œil rapide où brille la pensée,
Ce teint blanc de Louise et sa taille élancée,
Ces vifs tressaillemens, ces mouvemens nerveux,
Ce front saillant et large, orné de blonds cheveux ;
Oui, ce corps, cette tête où la tristesse est peinte,
Du sang qui les forma portent la double empreinte.
Je ne sais toutefois ; je ne puis sans douleur
Contempler ce visage éclatant de pâleur ;
On dirait que la vie à la mort s'y mélange :
Voyez-vous comme moi cette couleur étrange ?
Quel germe destructeur, sous l'écorce agissant,
A sitôt défloré ce fruit adolescent ?
Assailli malgré moi d'un effroi salutaire,
Je n'ose pour moi-même éclaircir ce mystère ;

Le noir conseil des Cours, aux peuples défendu,
Est un profond abîme où nul n'est descendu;
Invisible dépôt, il est dans chaque empire
Une énigme, un secret qui jamais ne transpire :
C'est ce secret d'État que, sur le crucifix,
Les rois en expirant révèlent à leurs fils.
Faut-il vous répéter un effroyable doute?
Écoutez; ou plutôt, que personne n'écoute :
S'il est vrai qu'à ta Cour, malheureux nourrisson!
La moderne Locuste ait transmis sa leçon,
Cette horrible pâleur, sinistre caractère,
Annonce de ton sang le mal héréditaire,
Et peut-être aujourd'hui méthodique assassin,
Le cancer politique est déja dans ton sein.
Mais non; mon ame, en vain de terreurs obsédée,
Repousse en frissonnant une infernale idée;
J'aime mieux accuser l'étude aux longues nuits,
Des souvenirs amers ou de vagues ennuis.

DE L'HOMME.

Comme une jeune plante à la tige légère,
Que poussa l'ouragan sur la terre étrangère,
Loin du sol paternel languit, et ne produit
Que des fleurs sans parfum et des boutons sans fruit ;
Sans doute l'orphelin que la grande tempête
Emporta vers le nord dans son berceau de fête,
Aujourd'hui, comprimant de cuisantes douleurs,
Tourne vers l'occident des yeux chargés de pleurs.

O chute désastreuse et sitôt amenée !
C'était hier encor la pompeuse journée
Où le Grand-Chancelier, au fracas du canon,
Aux fastes de l'Empire associait son nom ;
C'est hier qu'à Paris, sans gardes, sans défense,
Il conviait le peuple aux jeux de son enfance ;
Et le peuple, attentif aux mots qu'il épelait,
Souriait à sa bouche encor blanche de lait.

D'autres fois, agitant une soyeuse rêne,

Sur la terrasse unie où se mire la Seine,

Il guidait de ses mains, dans la tiéde saison,

Deux paisibles coursiers à la blanche toison,

Dans le temps que son père, entraînant dix armées,

Écrasait sous son char les villes consumées.

Hélas! tout fut détruit : le faible avec le fort;

Dans son mortier de fer, l'inexorable sort,

Sous un marteau d'airain pila comme du verre

Et le jouet d'enfant et le char de la guerre;

Et dans ce jour suprême où les rois, sur Paris

Débordaient des soldats de leur gloire surpris,

Quand, pour chercher au loin une ville meilleure,

Il lui fallut quitter la royale demeure,

O prodige inouï! l'orphelin bégayant

Sembla prophétiser un oracle effrayant;

Pour la première fois, indocile et farouche,
De longs vagissemens s'échappaient de sa bouche,
Et, comme épouvanté de ses futurs destins,
Il serrait Montesquiou de ses bras enfantins[8].

Eh bien! long-temps meurtri par ce précoce orage,
Il a crû, toutefois, en stature, en courage;
Aujourd'hui, le plus beau des princes de sa Cour,
De la ville étrangère il a conquis l'amour.
Oh! si d'autres destins eussent régi le monde!
S'il sortait du cercueil qui dort au sein de l'onde!
S'il vivait! s'il pouvait, encore à son midi,
Contempler sous ses yeux son jeune fils grandi!
Quels baisers sortiraient de ses lèvres de flamme,
Quel océan de joie abreuverait son ame!
Lui qui, sur un roc nu, de douleurs consumé,
Réchauffait de ses pleurs un buste inanimé!

Il verrait dans ce fils, qu'il laissa si débile,
Ressortir de son sang le type indélébile :
On dit que, jeune encor, pensif et soucieux,
De ses hochets d'enfant il détournait les yeux ;
Que d'un sauvage instinct sa grande ame frappée
Tressaillait comme Achille à l'aspect d'une épée;
Aujourd'hui, que du temps les rapides efforts
Ont allié la grâce aux forces de son corps,
Comme le jeune aiglon qui sent croître sa serre,
Avide des plaisirs images de la guerre,
A traverser un fleuve, à franchir un ravin,
Il pousse hardiment son coursier transylvain.
Heureux quand, libre enfin de ses tristes études,
Exerçant à son gré ces nobles habitudes,
Dans une immense plaine il étend son essor !
Mais l'ombrageux pouvoir d'un austère mentor
Redoute, dans ce cœur plein de vie et de séve,
Ces arts ambitieux par qui l'homme s'élève :

DE L'HOMME.

Au lieu de ces loisirs que le soupçon proscrit,
Les problêmes d'Euclide absorbent son esprit,
Et des soins vigilans, où la peur se décèle,
De cette ame inflammable éloignent l'étincelle.

Insensés ! à quoi bon ces pénibles détours?
Pour soustraire à ses yeux l'histoire de nos jours,
Donnez-lui pour palais la voûte sépulcrale;
Tout lui parle de nous dans votre capitale :
Là, Wagram à l'Autriche a servi de tombeau;
Cette plaine est Essling; cette île c'est Lobau;
Ce palais de Schœnbrunn, fantôme de Versailles,
Abrita nos guerriers après trente batailles;
Tous ces humbles hameaux, ces villages sans noms,
Son père les noircit du feu de ses canons;
Sur quel endroit du sol que son pied se dirige,
Il marche sur l'histoire, il remue un prodige.

Non, non, il n'est plus temps; vos soins viennent trop tard,
Tout l'instruisit : un signe, un coup d'œil, le hasard.
Que dis-je? Quand, chassé de l'Europe chrétienne
Dom Miguel vint quêter l'assistance de Vienne,
Ce grossier Portugais, qui s'est fait roi depuis [9],
Fut lui-même un écho de ces merveilleux bruits.

Il sait donc désormais, il n'a plus à connaître
Ce qu'il est, ce qu'il fut, et ce qu'il pouvait être.
Oh! que tu dois souvent te dire et repasser
Dans quel large avenir tu devais te lancer!
Combien dans ton berceau fut court ton premier rêve!
Doublement protégé par le droit et le glaive,
Des peuples rassurés espoir consolateur,
Petit-fils d'un César et fils d'un Empereur,
Légataire du monde, en naissant roi de Rome,
Tu n'es plus aujourd'hui rien que LE FILS DE L'HOMME!

Pourtant quel fils de roi contre ce nom obscur,

N'échangerait son titre et son sceptre futur?

Mais quoi! content d'un nom qui vaut un diadême,

Ne veux-tu rien un jour conquérir par toi-même?

La nuit, quand douze fois ta pendule a frémi,

Qu'aucun bruit ne sort plus du palais endormi,

Et que seul, au milieu d'un appartement vide,

Tu veilles, obsédé par ta pensée avide,

Sans doute que parfois sur ton sort à venir

Un démon familier te vient entretenir.

Oui, tant que ton aïeul, sur ton adolescence

De sa noble tutéle étendra la puissance,

Les jaloux archiducs, comprimant leur orgueil,

Du vieillard tout-puissant imiteront l'accueil;

Mais qui peut garantir cette paix fraternelle?

Peut-être en ce moment la mort lève son aile :

Tôt ou tard, au milieu de ses gardes hongrois,
Elle mettra la faux sur le doyen des rois ;
Alors il sera temps d'expliquer ce problême
D'un sort mystérieux ignoré de toi-même :
Fils de Napoléon, petit-fils de François,
Entre deux avenirs il faudra faire un choix.
Puisses-tu, dominé par le sang de ta mère,
Bannir de ta pensée une vaine chimère,
Et de l'ambition éteindre le flambeau !
Le destin qui te reste est encore assez beau :
Les rois ont grandement consolé ton jeune âge ;
Le duché de Reichstadt est un riche apanage,
Et tu pourras un jour, colonel allemand,
Conduire à la parade un noble régiment.
Qu'à ce but désormais ton jeune cœur aspire ;
Borne là tes désirs, ta gloire, ton empire ;
Des règnes imprévus ne gardons plus l'espoir ;
Ce qu'on vit une fois ne doit plus se revoir :

Tout dort autour de nous ; sur le flot populaire
Les rois ont étendu leur trident tutélaire ;
Dans un ciel calme et pur luit un nouveau soleil ;
Les potentats du Nord, réunis en conseil,
D'une éternelle paix gratifiant l'Europe,
Au futur genre humain ont lu son horoscope ;
Et sans doute le ciel, dans ses livres secrets,
De Vienne et de Laybach a transcrit les arrêts :
Car, si la politique, en changemens féconde,
Une dernière fois bouleversant le monde,
Sous des prétextes vains divisait sans retour
L'irascible amitié de l'une et l'autre Cour ;
Si, le fer à la main, vingt nations entières,
Paraissant tout-à-coup autour de nos frontières,
Réveillaient le tocsin des suprêmes dangers ;
Surtout si, dans les rangs des soldats étrangers,
L'homme au pâle visage, effrayant météore,
Venait en agitant un lambeau tricolore ;

Si sa voix résonnait à l'autre bord du Rhin...
Comme dans Josaphat la trompette d'airain,
La trompette puissante aux siècles annoncée
Suscitera les morts dans leur couche glacée ;
Qui sait si cette voix, fertile en mille échos,
D'un peuple de soldats n'éveillerait les os ?
Si d'un père exilé renouvelant l'histoire,
Domptant des ennemis complices de sa gloire,
L'usurpateur nouveau, de bras en bras porté,
N'entrerait pas en roi dans la grande cité ?
Tels, aux bruyans accords des cris et des fanfares,
Les princes chevelus, dans les Gaules barbares,
Paraissaient au milieu des Francs et des Germains,
Montés sur des pavois soutenus par leurs mains.

C'est ainsi que, jouet d'un songe fantastique,
Je mêlais au passé l'avenir prophétique.

L'heure avait déja fui ; sous le long corridor

La foule s'écoulait, et je rêvais encor :

Je comptais les anneaux de cette immense chaîne

Qui lia deux captifs dans les deux Sainte-Hélène ;

Je voyais tour à tour et l'enfant au berceau,

Et le saule qui pleure en gardant un tombeau,

Et tous ces souvenirs de tristesse et de gloire

Se heurtaient à-la-fois dans ma vague mémoire.

Alors, comme apparaît et grandit sur les murs

Un spectre que l'optique esquisse en traits obscurs,

De la place où j'étais, au plafond de la salle,

Se dressa lentement une ombre colossale ;

Trois fois elle tourna des regards de fureur

Sur les armes d'Autriche et le vieil empereur ;

Elle éleva trois fois une voix gémissante,

Puis, emportant son fils, farouche et menaçante,

L'ombre se recoucha dans son pâle linceul :

Alors finit le songe, et je me trouvai seul.

NOTES.

NOTES.

' Hélas! je pris la vie au milieu d'un orage.

On se méprendrait étrangement sur nos intentions, si l'on supposait que, dans ce morceau, nous avons voulu jeter de la gaieté ou du ridicule sur de douloureux souvenirs. A Dieu ne plaise que nous choisissions jamais pour sujet de plaisanterie de si hautes et si augustes infortunes! Notre idée ici a été de retracer l'état de notre éducation sous le régime impérial. Certes, il est malheureusement vrai que la génération qui s'élevait à cette époque grandissait dans une ignorance complète, relativement au sort de la famille royale. Soit dans les lycées, soit dans les colléges particuliers, on affectait un profond silence sur cette histoire contemporaine; le sujet de nos entretiens et le texte même de nos compositions étaient souvent tirés du bulletin de nos armées; et comme, au milieu de tant de prodiges, le gouvernement d'alors nous semblait indestructible, et qu'un nouvel ordre de choses était trop difficile à prévoir, il n'est pas étonnant qu'on s'occupât peu parmi nous du sort d'une famille qui devait changer la face de notre patrie. Aussi, à l'époque de la Restauration, notre éducation fut presque à refaire : il nous fallut apprendre à connaître, non seulement l'existence, mais les noms de ceux qui étaient appelés à nous gouverner. Ceci s'applique seulement aux hommes de notre âge, et personne ne peut démentir notre assertion. Nul doute que dans le même temps il n'existât un grand nombre de Français qui, à travers tant de changemens politiques, avaient toujours suivi des yeux les restes proscrits de la famille royale, et qui, même sous le gouvernement de fait, n'en conservaient pas moins au pouvoir légitime leurs souvenirs et leurs affections.

² J'avais lu vaguement, dans Monsieur Le Ragois.

Les personnes qui sont fidèles à leurs souvenirs d'enfance, se rappelleront sans peine l'histoire de France de M. Le Ragois; pour les autres, nous devons ajouter que cette histoire en un volume signale, par demandes et par réponses, les principaux événemens de nos annales, depuis Pharamond jusqu'à *Buonaparte :* là, chaque portrait de roi est accompagné d'une épigraphe latine et d'un distique français, qui préparent merveilleusement à l'intelligence du texte.

Le point sur lequel l'auteur paraît insister le plus vivement, c'est le lieu de la sépulture de nos rois. — En effet, pour complément obligé de chaque chapitre, on lit : Où fut-il enterré?— Réponse : A Saint-Germain ; ou bien : A Saint-Denis. — Personne alors n'aurait pu prévoir qu'il faudrait un jour varier la formule pour le dernier des héros de cette histoire, et dire : A Sainte-Hélène!!

[3] Poëte aventureux. . . . .

Comme mon but, en écrivant cet ouvrage, n'est pas de donner ni un récit d'aventures personnelles, ni un itinéraire de Paris à Vienne, je franchirai rapidement la distance qui sépare ces deux capitales ; d'ailleurs les relations de ce genre ont été faites par de meilleurs observateurs que moi ; ainsi je ne dirai rien de Rastadt, célèbre par son congrès ; de Carlsruhe, dont les rues aboutissent à un centre commun, comme les lames d'un éventail déployé ; de Stuttgard, où j'eus le plaisir de voir M. Schwab, traducteur de notre *Napoléon en Égypte* ; de Munich, toute rajeunie par ses édifices ; d'Ulm, d'Augsbourg, et de Saltzbourg, où commence l'Autriche. Je me hâte d'arriver à Vienne, qu'on prendrait de loin pour un faubourg noirâtre, entouré de plusieurs grandes villes.

Soumis à l'usage des lieux, le jour même de mon arrivée,

je me rendis aux bureaux de la police, pour demander un permis de séjour. Là, il fallut subir une infinité de questions, sur le motif de mon voyage, sur les personnes qui pourraient répondre de moi, sur mes moyens d'existence, sur le séjour que je présumais faire dans cette ville; enfin, sur ma religion et mon *caractère*. Je donnai tous les renseignemens qu'on exigea. Sur les deux dernières questions, je répondis que j'étais Catholique, Apostolique et Romain; et quant à mon *caractère*, je déclarai que j'étais homme de lettres; ce qui parut sonner assez mal aux oreilles de mon inquisiteur; cette dénomination lui paraissant un peu trop vague, il poussa l'attention jusqu'à me demander quels étaient les ouvrages que j'avais publiés jusqu'à ce jour : je ne crus pas utile de me vanter auprès de lui des *Villéliade*, des *Peyronnéide*, des *Corbiéréide*, ni même d'un poëme où le vénérable Metternich figure au nombre de nos héros; je me contentai de lui dire que je composais des poésies, et qu'au besoin j'écrivais en prose sur divers sujets. Cette réponse, assez peu nette, parut le satisfaire; et, moyennant un florin, bon argent, que je déposai sur son bureau, il m'accorda pour un mois le droit de bourgeoisie dans la capitale de l'Autriche.

Grâce à quelques lettres de recommandation que j'avais

obtenues à Paris, et au hasard qui me fit rencontrer le plus obligeant de mes compatriotes, j'eus accès dans les maisons les plus honorables de Vienne : je m'étais d'abord convaincu de l'extrême bonté de ce peuple, en comprenant dans ce mot même la populace. La qualité d'étranger semble leur imposer une obligation de services tout-à-fait bénévoles et désintéressés. Plusieurs fois, égaré dans mes courses, j'ai demandé mon chemin à des femmes, à des vieillards, ou même à des enfans, et je voyais avec étonnement ces obligeans cicérones se déranger eux-mêmes de leurs affaires et de leurs amusemens, pour me mettre sur la voie, et me quitter sans même soupçonner qu'on pût leur offrir une récompense pour une chose si simple. Bien différens en cela de cette hideuse canaille de Londres, toujours prête à hurler contre un étranger inoffensif, toujours épiant l'occasion de l'égarer, de le fourvoyer, s'il a la malheureuse idée de lui demander une indication de chemin.

J'avoue cependant que, tout en rendant justice au bon naturel de ce peuple, je conservais encore des préventions contre la caste aristocratique ; je me figurais que la morgue et le mépris pour l'étranger s'étaient réfugiés dans les salons : mais combien je fus promptement détrompé de ces fausses idées !

Ma qualité d'auteur et celle de Français étaient pour moi une double recommandation qui m'ouvrit bientôt les salons de Vienne. Là se trouvaient réunis les littérateurs les plus distingués de cette capitale. Parmi eux, je citerai d'une manière particulière M. Hammer, premier orientaliste d'Europe; madame Pichler, auteur d'*Agatocle* et d'une foule de romans remarquables; enfin, M. Sedlitz, jeune poëte hongrois, dont les ouvrages font les délices de Vienne. M. Hammer, qui joint à l'instruction la plus profonde une modestie et une simplicité toutes germaniques, m'accorda des témoignages précieux de sa bienveillance; il fit même pour moi (ce que je suis persuadé qu'il n'a fait pour personne au monde) une pièce de vers que je me plairais à citer ici, si ses éloges étaient moins exagérés.

M. Sedlitz a fait également un effort en ma faveur, et cela par suite d'une conversation qui paraîtra singulière. Le jeune poëte, après avoir exprimé sur nos ouvrages les opinions les plus flatteuses, voulait à toute force obtenir de moi que notre premier poëme ne serait pas rimé. Mais, lui disais-je, ce serait une innovation ridicule en France, et personne ne nous lirait. — Essayez, répondait-il. — Mais Voltaire l'a essayé : il a fait ce qu'on appelle des vers blancs, et cette tentative n'a pas réussi. D'ailleurs enlever la rime à notre poésie, c'est la dépouiller de tout son charme et la rendre abordable à tous nos prosateurs. — Essayez, persistait-il ; on pourra se moquer de vous d'abord, et ensuite on vous imitera. — Et comme à cette époque il n'était bruit dans les salons de Vienne que d'un morceau de poésie dont il était l'auteur, il voulut bien se donner la peine de me le traduire en français, vers par vers, et mot par mot. C'est une espèce de songe, d'évocation tout-à-fait dans le genre germanique : Napoléon et sa vieille armée y ressuscitent sous la plume du poëte, et je pense que cette pièce, marquée au type original, fera plaisir à nos lecteurs.

LA REVUE NOCTURNE.

A minuit, de sa tombe
Le tambour se lève et sort,
Fait sa tournée et marche,
Battant la caisse bien fort ;

De ses bras décharnés
Remue conjointement
Les baguettes, bat la retraite,
Réveil et roulement.

La caisse sonne étrange,
Fortement elle retentit,
Dans leur fosse en ressuscitent
Les vieux soldats péris;

Et qui au fond du Nord
Sous la glace enroidis,
Et qui trop chaudement gissent
Sous la terre d'Italie,

Et sous la bourbe du Nil
Et le sable de l'Arabie;
Ils quittent leur sépulture,
Leurs armes ils ont saisi.

Et à minuit, de sa tombe
Le trompette se lève et sort,
Monte à cheval et sonne
La trompe bruyant et fort.

Alors sur chevaux aériens
Arrivent les cavaliers,
Vieux escadrons célébrés,
Sanglans et balafrés.

Sous le casque, leurs crânes blanchâtres
Ricanent, et fièrement
Leurs mains osseuses soulèvent
Leurs glaives longs et tranchans.

DU FILS DE L'HOMME.

Et à minuit, de sa tombe
Le chef se lève et sort ;
A pas lents il s'avance,
Suivi de l'état-major.

Petit chapeau il porte,
Habit sans ornemens,
Petite épée pour arme
Au côté gauche lui pend.

La lune à pâle lueur
La vaste plaine éclaire ;
L'homme au petit chapeau,
Des troupes revue va faire.

Les rangs présentent les armes;
Lors sur l'épaule les mettant,
Toute l'armée devant le chef
Défile tambour battant.

On voit former un cercle
De capitaines et généraux ;
Au plus voisin à l'oreille
Ce chef souffle un mot.

Ce mot va à la ronde,
Résonne le long de la Seine ;
Le mot donné est la France,
La parole : Sainte-Hélène.

> C'est là la grande revue
> Qu'aux Champs-Élysées,
> A l'heure de minuit
> Tient César décédé.

Ceci, comme on le voit, n'est plus que le squelette d'un corps; c'est une esquisse brute qui pourrait devenir un tableau admirable, si un Victor Hugo voulait lui donner le coloris et la vie; mais du moins cette pièce peut donner une idée de la nouvelle poésie allemande, et fournit également la preuve de la popularité que la gloire française a su conserver dans les états qu'elle avait conquis.

> Et je n'ai même pu recueillir une fois
> Le son de sa parole et l'accent de sa voix.

Le but de mon voyage étant d'être présenté au duc de Reichstadt, de lui offrir notre poëme, on doit penser que je ne négligeai aucun moyen possible d'y parvenir. Dans le nombre des personnes qui me témoignaient quelque intérêt, les unes étaient tout-à-fait sans pouvoir, les autres craignaient avec quelque raison de s'immiscer dans une affaire de cette nature; ainsi je me vis presque réduit à moi seul pour conseiller et pour protecteur. Je pensai qu'au lieu d'employer des détours qui auraient pu attirer des soupçons sérieux sur mes intentions pacifiques, il valait mieux aborder la question avec franchise, et déclarer ouvertement le motif de mon séjour à Vienne.

D'après cette idée, je me présentai chez M. le comte de Czernine, qui est *oberhofmeister* de l'empereur, charge qui répond, je crois, à celle de grand-chambellan. Ce vénérable vieillard me reçut avec une bonté et une obligeance dont je fus vraiment pénétré; et quand je lui eus énoncé le but de ma visite, il n'en parut nullement surpris; seulement il m'engagea à m'adresser à M. le comte Dietrischstein, chargé spécialement de l'éducation du jeune prince, et même il voulut bien m'autoriser à m'y présenter sous ses auspices : je ne perdis pas un moment; et, en quittant M. le comte de Czernine, je me rendis sur-le-champ chez M. Dietrischstein.

J'eus un véritable plaisir de me trouver avec un des seigneurs les plus aimables et les plus instruits de la Cour de Vienne. Aux fonctions de grand-maître du duc de Reichstadt, il joint la charge de directeur de la bibliothèque, et, devant ce dernier titre, je pouvais invoquer hardiment ma qualité d'homme de lettres. Il voulut bien me dire que notre nom et nos ouvrages ne lui étaient point inconnus, que même il avait pris le soin de se faire envoyer de France toutes les brochures que nous avons publiées jusqu'à ce jour, et qu'en ce moment il attendait avec impatience notre dernier poëme. Comme, à tout événement, je m'étais muni d'un exemplaire, je me hâtai de le lui offrir, et même de lui en faire une dédicace signée, ce qui parut lui être agréable. Encouragé par cet accueil, je crus le moment propice pour en venir à une ouverture décisive.

Monsieur le comte, lui dis-je, puisque vous voulez bien me témoigner tant de bienveillance, j'oserai vous supplier de me servir dans l'affaire qui m'attire à Vienne : je suis venu dans le but unique de présenter ce livre au duc de Reichstadt ; personne, mieux que son grand-maître, ne peut me seconder dans mon dessein ; j'espère que vous voudrez accéder à ma demande.
— Aux premiers mots de cette humble requête verbale, le visage du comte prit une expression, je ne dirai pas de mécontentement, mais de malaise, de contrainte : il paraissait comme fâché d'avoir été assez aimable pour m'enhardir à cette demande, et sans doute qu'il aurait préféré n'être pas dans la nécessité de me répondre. Après quelques secondes de silence, il me dit : Est-il bien vrai que vous soyez venu à Vienne pour voir le jeune prince ? Qui a pu vous engager à une pareille démarche ? Est-il possible que vous ayez compté sur le succès de votre voyage ? On se fait donc en France des

idées bien fausses, bien ridicules, sur ce qui se passe ici? Ne savez-vous pas que la politique de la France et celle de l'Autriche s'opposent également à ce qu'aucun étranger, et surtout un Français, soit présenté au prince? Ce que vous me demandez est donc tout-à-fait impossible. Je suis vraiment fâché que vous ayez fait un si long et si pénible voyage sans aucune chance de succès, etc., etc.

Je lui répondis que je n'avais mission de personne en venant en Autriche; que c'était de mon propre mouvement, et sans impulsion étrangère, que je m'étais décidé à ce voyage; qu'en France, on pense généralement qu'il n'est pas difficile d'être présenté au duc de Reichstadt, et que même on assure qu'il reçoit les Français avec une bienveillance plus particulière; que, d'ailleurs, les mesures de prudence qui repoussent les étrangers me semblaient ne pas devoir m'atteindre, moi qui ne suis qu'un homme de lettres, qu'un citoyen inaperçu, et qui n'ai jamais rempli de rôle ou de fonctions politiques. Je conçois, ajoutai-je, que mon zèle peut vous paraître exagéré; cependant considérez que nous venons de publier un poëme sur Napoléon : est-il donc si étrange que nous désirions le présenter à son fils? Croyez-vous que cet hommage littéraire ait un but caché ? Il ne tient qu'à vous de vous convaincre du contraire. Je ne demande pas à entretenir le prince sans témoin ; ce sera devant vous, devant dix personnes, s'il le faut, et s'il m'échappe un seul mot qui puisse alarmer la politique la plus ombrageuse, je consens à finir ma vie dans une prison d'Autriche.

Le grand-maître répliqua que tous ces bruits répandus en France, au sujet de personnes présentées au duc de Reichstadt, étaient de toute fausseté ; qu'il était persuadé que le but de mon voyage était purement littéraire, et détaché de toute pensée politique ; mais que néanmoins il lui était impossible d'outre-passer ses ordres ; que les plus strictes défenses interdisaient ces sortes d'entrevues ; que cette mesure n'était pas l'effet d'un caprice momentané, mais bien la suite d'un système constant adopté par les deux Cours ; qu'elle n'était pas applicable à moi seul, mais à tous ceux qui tenteraient d'approcher du prince, et que j'aurais grand tort de m'en trouver lésé spécialement ; enfin, ajouta-t-il, ce qui doit excuser ces rigueurs, c'est la crainte d'un attentat sur sa personne.

Mais, lui dis-je, un attentat de cette nature est toujours à craindre, car le duc de Reichstadt n'est pas entouré de gardes ; un homme résolu pourrait toujours l'aborder, et une seconde suffirait pour consommer un crime: votre prévoyance est donc en défaut de ce côté. — Maintenant vous craignez peut-être qu'une conversation trop libre avec des étrangers ne lui révèle des secrets, ou ne lui inspire des espérances dangereuses; mais, avec tout votre pouvoir, est-il possible à vous d'empêcher qu'on ne lui transmette ouvertement ou clandestinement une lettre, une pétition, un avis; soit à la promenade, soit au théâtre, ou dans tout autre lieu ? Moi, par exemple, si, au lieu de m'adresser franchement à vous, je m'étais posté sur son passage; si je m'étais hardiment avancé vers lui, et qu'en votre présence même je lui eusse remis un exemplaire de *Napoléon en Égypte?* vous voyez bien que j'aurais trompé toutes vos précautions, et que j'aurais rempli mon but, d'une manière violente, j'en conviens, mais enfin il n'en est pas moins vrai que le prince aurait reçu mon exemplaire, et qu'il l'aurait lu ou du moins qu'il en aurait connu le titre.

M. Dietrichstein me fit une réponse qui me glaça d'étonnement. Écoutez, Monsieur; soyez bien persuadé que le prince n'entend, ne voit et ne lit que ce que nous voulons qu'il lise, qu'il voie et qu'il entende: s'il recevait par hasard une lettre, un pli, un livre qui eût trompé notre surveillance, et fût tombé jusqu'à lui sans passer par nos mains, croyez que son premier soin serait de nous le remettre avant de l'ouvrir; il ne se déciderait à y porter les yeux qu'autant que nous lui aurions déclaré qu'il pourrait le faire sans danger.—Il paraît, d'après cela, monsieur le comte, que le fils de Napoléon est bien loin d'être aussi libre que nous le supposons en France?—Réponse: *Le prince n'est pas prisonnier, mais*..... il se trouve dans une position toute particulière. Veuillez bien ne plus me presser de vos questions, je ne pourrais vous satisfaire entièrement: renoncez également au projet qui vous a conduit ici : je vous répète qu'il y a impossibilité absolue.

—Eh bien! vous m'enlevez tout espoir; je ne puis certainement recourir à personne après votre arrêt, et je sens qu'il est inutile de renouveler mes instances; mais du moins vous ne pouvez me refuser de lui remettre cet exemplaire, au nom des auteurs: il a sans doute une bibliothèque, et ce livre n'est pas assez dangereux pour être mis à l'index.

M. Dietrichstein secoua la tête, comme un homme irrésolu; je compris qu'il lui était pénible de m'accabler de deux refus dans le même jour. Aussi, ne voulant pas le forcer à s'expliquer trop nettement, je pris congé de lui, en le priant de lire le poëme, de se convaincre qu'il ne contenait rien de bien séditieux, et de me faire espérer que, d'après cette conviction, il consentirait à favoriser ma seconde demande.

Environ quinze jours après, je retournai chez le grand-maître ; j'en revins encore à mes premières obsessions. Il était étonné lui-même de ma ténacité. Je ne vous conçois vraiment pas, me disait-il ; vous mettez trop d'importance à voir le prince ; contentez-vous de savoir qu'il est heureux, qu'il est sans ambition : sa carrière est toute tracée ; il n'approchera jamais de la France, *il n'en aura pas même la pensée.* Répétez tout ceci à vos compatriotes ; désabusez-les, s'il est possible. Je ne vous demande pas le secret de tout ce que j'ai pu vous dire ; bien au contraire, je vous prie, à votre retour en France, de le publier, et même de l'écrire si bon vous semble. Quant à la remise de votre exemplaire, n'y comptez pas : votre livre est fort beau comme poésie, mais il est dangereux pour le fils de Napoléon ; votre style plein d'images, cette vivacité de descriptions, ces couleurs que vous donnez à l'histoire ; tout cela, dans sa jeune tête, peut exciter un enthousiasme et des germes d'ambition qui, sans aucun résultat, ne serviraient qu'à le dégoûter de sa position actuelle. L'histoire, il en connaît tout ce qu'il doit savoir, c'est-à-dire les dates et les noms : vous voyez, d'après cela, que votre livre ne peut lui convenir.

J'insistai encore quelque temps; mais je vis bientôt que le grand-maître ne m'écoutait que par civilité. Je ne voulus pas m'épuiser en prières inutiles, et dès lors, désabusé de mon innocente chimère, je regardai cette visite comme une audience de congé, et je ne pensai plus qu'à retourner en France.

Jusqu'au moment de mon départ, je continuai à visiter les personnes qui m'avaient jusqu'alors témoigné tant d'intérêt. Dans une de ces paisibles réunions, on m'a répété un propos du duc de Reichstadt, qui m'a singulièrement frappé. Je le tiens de bonne source; et, si je ne craignais de nuire à la fortune de cette personne, je la nommerais ici : qu'on se contente de savoir qu'elle voit familièrement le prince presque tous les jours. Dernièrement, cet étrange jeune homme paraissait absorbé par une idée fixe; il était entièrement distrait de sa leçon; tout-à-coup il se frappe le front avec un signe d'impatience, et laisse échapper ces mots : « Mais que « veulent-ils donc faire de moi? pensent-ils que j'aie la tête « de mon père!... »

On doit conclure de cela que le rempart vivant qui l'entoure avait été franchi, qu'une lettre ou un pli indiscret avait été lancé jusqu'à lui, et que, pour cette fois, il avait enfreint les ordres qui lui prescrivent de ne rien lire sans l'aveu de ses précepteurs.

⁵ Les héros de Schiller s'agitaient sur la scène.

Le théâtre de la Cour, Hoftheater, celui où j'aperçus pour la première fois le duc de Reichstadt, est remarquable par le peu de luxe de la salle et des décorations. On y joue indistinctement la comédie, le drame tragique, et même des farces ignobles, indignes de nos théâtres des boulevarts. On vante beaucoup le mérite des acteurs; il n'appartient pas à un étranger de prononcer là-dessus; il m'a semblé qu'ils avaient plus de vérité et moins d'emphase que les comédiens anglais. Ce qui est vraiment étonnant, c'est le peu de clarté répandue dans la salle pendant la représentation. Figurez-vous une enceinte elliptique, à peu près grande comme celle des Français, éclairée, non par un lustre, mais par un quinquet à six ou huit branches, qu'on trouverait mesquin dans un estaminet de Paris : c'est au milieu de cette lueur douteuse que les spectateurs cherchent vainement à se reconnaître; aussi n'a-t-on pas pris la peine d'établir l'usage des loges grillées, ce que j'attribue moins à la sévérité des mœurs qu'à la parcimonie du luminaire.

Outre cet étrange effet de lumière fantasmagorique, on ne peut s'empêcher d'être frappé du silence de tout ce peuple. Les héros de Schiller ou de Goëthe ont beau s'agiter sur la scène, aucun cri, aucun murmure, aucun trépignement ne trahit les émotions de joie et de plaisir : l'arrivée même ou la sortie de la famille impériale n'excite pas le moindre tumulte; on dirait une réunion d'ombres heureuses et paisibles, assistant aux Champs-Élysées à une représentation scénique.

6 La toux impériale.

L'empereur François depuis long-temps languit dans un état habituel de souffrance; une toux presque constante le fatigue horriblement, et pourtant au milieu de ces douleurs physiques, au lieu de se résigner au repos que semble lui prescrire la faiblesse de son âge, cet infatigable souverain semble craindre de dérober un moment à ses devoirs. Malgré les bruits désavantageux qu'on affecte de semer sur son compte, principalement dans les libelles anglais, nous nous plaisons à rendre justice aux vertus privées de ce monarque. Par les froids les plus rigoureux, il est toujours debout à cinq heures du matin; deux fois par semaine il donne des audiences publiques, des audiences de huit ou neuf heures, pendant lesquelles le dernier de ses sujets, un portefaix, un cocher de fiacre, peut l'aborder familièrement et lui demander justice. Il n'est aucun monarque au monde qui pousse à ce point la simplicité, ou, pour mieux dire, la bonhomie. Au milieu de la nuit, si le feu se manifeste dans quelque quartier de Vienne, il monte à cheval et se rend en personne au théâtre du danger, qu'il ne quitte que le dernier et après s'être assuré que la tranquillité est parfaitement rétablie; aussi le peuple de Vienne, qui dans ses jours de détresse lui a prodigué tant de preuves de dévouement, lui conserve encore toute son affection. On ne pousse pas autour de lui des cris tumultueux de *vive l'Empereur!* mais tous les yeux s'attachent sur lui avec intérêt; on épie en silence les changemens sinistres ou favorables de son visage, et une expression d'amour et de respect est empreinte sur toutes les physionomies.

[7] Sur la terrasse unie où se mire la Seine.

On se rappelle que le jeune roi de Rome se montrait sur la terrasse des Feuillans, promené dans un petit char traîné par deux béliers.

[8] Il serrait Montesquiou de ses bras enfantins.

Le 29 mars, toute la cour impériale partit pour Rambouillet; on remarqua alors avec étonnement un fait qui, dans toute autre circonstance, eût été regardé comme très ordinaire, et même puéril. Au moment de monter en voiture, le jeune Napoléon, qui était accoutumé à faire de fréquens voyages à Saint-Cloud, à Compiégne, à Fontainebleau, etc., etc., ne voulait pas quitter sa chambre; il poussait des cris, se roulait par terre, disait qu'il voulait rester à Paris, et qu'il ne voulait pas aller à Rambouillet : sa gouvernante avait beau lui promettre de nouveaux joujoux; dès qu'elle le voulait prendre par la main pour l'entraîner, il commençait à se rouler et à se débattre, en criant encore plus fort, qu'il ne voulait pas quitter Paris; il fallut employer la force pour le porter dans une voiture.

9 Ce grossier Portugais, qui s'est fait roi depuis.

Dom Miguel, exilé à Vienne après l'attentat de Bemposta, n'a pas laissé dans cette capitale de brillans souvenirs.—Messieurs les apostoliques de *la Quotidienne*, qui l'ont déja canonisé de son vivant, et qui applaudissent chaque jour à la justice expéditive de leur jeune Titus, seraient peut-être désenchantés si on leur racontait ce que la notoriété publique apprend aux voyageurs sur sa vie privée. Traité à la Cour de

François, comme un homme sans mœurs, dégoûtant de débauche, il avait vu les portes du palais impérial se fermer pour lui, et dès lors le frère de l'empereur dom Pédre ne fut plus qu'un coureur de filles et un pilier d'estaminet. Pour ne pas déroger tout-à-fait, il s'était formé pourtant une espèce de Cour, où toutes les nymphes de Vienne venaient ensemble ou tour-à-tour réveiller les désirs du jeune sultan, et le distraire par des orgies scandaleuses. — Là, chaque jour, la pipe allemande ou le cigarito portugais à la bouche, l'assassin de Moneira, jurant *caraço*, distribuant des arrêts à coups de cravache ou même à coups de poing, s'instruisait, en gouvernant son petit sérail, à l'art de décimer un royaume. Quelquefois, pour varier ses plaisirs, il prenait ses premières leçons d'équitation sur un grand lévrier allemand, qui, mieux appris que les mules portugaises, sut respecter les côtes d'une majesté en herbe.

Enfin le ministre Metternich, voyant que dom Miguel apprenait chaque jour à ses flegmatiques vassaux, qu'un fils de roi, issu des Bragance, pouvait être aussi mauvais garnement que le dernier sujet de S. M. François II, voulut mettre un terme à cette conduite avilissante, et chercha comment il pourrait occuper la nullité du Portugais. — Précisément à la même époque, le duc de Reichstadt avait besoin d'un menin; mais, fidèle au système qui avait présidé à l'éducation du jeune prince, le premier ministre voulut placer auprès de lui, ou un homme assez dévoué pour tout lui taire, ou un être assez stupide pour tout ignorer; cette dernière espèce même fut préférée, et l'on choisit dom Miguel pour occuper ce poste. — Cependant, cet homme qu'on avait cru si peu dangereux, ce Portugais si grossier, avait fait un cours d'histoire dans les billards et les tabagies; les mots de Napoléon, d'abdication, vaguement écrits dans sa tête, n'en sortaient que par idées confuses; mais ces idées, il les exprimait tout haut devant le duc de Reichstadt, et quelques mots suffirent au fils de Napoléon pour lui révéler ses destinées!!!

FIN.

www.ingramcontent.com/pod-product-compliance
Lightning Source LLC
Chambersburg PA
CBHW060053190426
43201CB00034B/1412